調査実験

自分でできる心理学

大野木裕明
宮沢　秀次【編】
二宮　克美

ナカニシヤ出版

はじめに

　心理学のおもしろさの1つは，とにかく自分でやってみることでしょう。
　本書を初版にあたって『自分でできる心理学』（1991年）という書名にしたのは，そのような理由からでした。
　読者の皆さん。
　私たち執筆者と一緒に，ぜひ心理学を楽しみましょう。
　本書は大きく，「見る私と見られる私」「自分を知る」「対人関係」「学校から社会へ」の4部に分けてありますが，これまでと同じように，どこから始めても大丈夫です。ただし，2つの補章はなるべく早く見てください。
　前回の改訂『ばーじょんあっぷ自分でできる心理学』（1997年）から10年，このたびさらに新訂版を重ねることができました。とてもうれしいです。
　これをきっかけとしてぜひ本格的な調査法や実験法にも挑戦したり，親しんでいただければと願っています。
　本書では多くの尺度を引用しました。引用にあたっては出典を示しましたが，多少レイアウトや表現を変更したものもあります。尺度の原著者の方々に，この点でご了解いただくとともに，お礼を申し上げます。
　出版にあたっては，ナカニシヤ出版の宍倉由高様，山本あかね様にたいへんお世話になりました。感謝いたします。

編　者

目　次

はじめに　1

第1部　見る私と見られる私 …………………………………5
- A1　パーソナル・スペース　6
- A2　気持ちを表情から読み取る　10
- A3　ジェンダー・ステレオタイプ　14
- A4　男らしさ・女らしさ　18
- A5　身体の認知　22
- A6　自分の名前のイメージ　26
- A7　対人認知　30
- A8　情報の伝達と変容　34

第2部　自分を知る ………………………………………39
- B1　身体の左右差について考える──あなたは左利きそれとも右利き？──　40
- B2　ミューラーリヤーの錯視　44
- B3　私は誰？　48
- B4　言語の理解（漢字と仮名の処理）　52
- B5　ヒューマン・エラー（1）　自分の失敗傾向を知ろう　56
- B6　ヒューマン・エラー（2）　アクション・スリップ　60
- B7　論理的思考のエラー　64
- B8　思考の直観的判断の誤り　68

第3部　対人関係 …………………………………………73
- C1　話を聞く技法（傾聴）　74
- C2　表現する技法（面接試験を受けるとき）　78
- C3　社会的スキル　82
- C4　関係を改善する──交流分析とエコグラム──　86
- C5　実のなる木を描く──バウムテスト──　90
- C6　孤独感　94
- C7　対人不安と対人恐怖　98
- C8　ストレスとその対応　102

第4部　学校から社会へ …………………………………………………107
　D1　意欲的に生きる──セルフ・エフィガシー──　108
　D2　学生の勉強と適応　112
　D3　先延ばし　116
　D4　職業志向　120
　D5　生き方──私生活主義傾向──　124
　D6　恋愛の類型　128
　D7　アイデンティティの確立　132
　D8　思いやり　136

補章
　E1　心理学の研究領域と研究法　142
　E2　心理学で使う統計量　146

第 1 部　見る私と見られる私

A1　パーソナル・スペース

問　題

　人間は他人に近づいて親和的に過ごしたいという欲求をもっていますが，その一方で相手との間にある程度の距離を保っていたいという欲求ももっています。自分のあまりにも近くに他人がいると，何となく落ち着かなくなったり，不快に感じたりするものです。このような自分の周りに存在する「見えない自分の領域」のことを「パーソナル・スペース」とよびます。混み合った電車内とかエレベーターの中などで息苦しさを感じるのは，パーソナル・スペースが侵害されているからだといえます。ここでは，このパーソナル・スペースについて実際に測定をしてもらい，ポータブル・テリトリー（携帯用なわばり）とか身体緩衝地帯などとよばれるパーソナル・スペースを実感していただけたらと考えています。

やりかたと課題

　渋谷（1985）の方法に従って実験を行います。
　①実験前に，目標人物として実験に協力してくれる「自分と同クラスで，授業などで一緒になりよく見知っている」男子学生1名，女子学生1名を探してください。さらに，補助記録者1名を探してください。
　②実験は十分に広い広場で行います。
　③パーソナル・スペースの境界は，あなたが「何となくそれ以上近づきたくない」と感じた地点とします。
　④目標人物には広場の中央に直立してもらいます。
　⑤あなたは，「広場の中程に立っている目標の人物（男・女）に向かってまっすぐ接近して行き，それ以上近づきたくないと思った位置で立ち止まってください」。
　⑥立ち止まったときの足の位置を補助実験者に表A1-1に記録してもらい，パーソナル・スペースの境界とします。
　⑦接近実験は目標人物の身体を中心とした4方向から行います。4方向とは，直立している目標人物の正面方向，右方向，左方向，真後ろ方向です。

⑧男女の目標人物に対して，4回ずつの接近実験を行うので，合計8回の接近実験を行うことになります。

表 A1-1 測定されたパーソナル・スペースの境界（単位cm）

目標人物	前方	右方	左方	後方	平均
男					
女					

結果の整理

表A1-1に記入されたパーソナル・スペースの目標人物ごとの平均を計算します。さらに図A1-1上に境界点をプロットし，それらを結び，パーソナル・スペースを図示してみましょう。また，近づく方向や目標人物の性差に応じてパーソナル・スペースのとられ方がどのように異なるのかを比較し，自分のパーソナル・スペースの特徴を列記してみましょう。

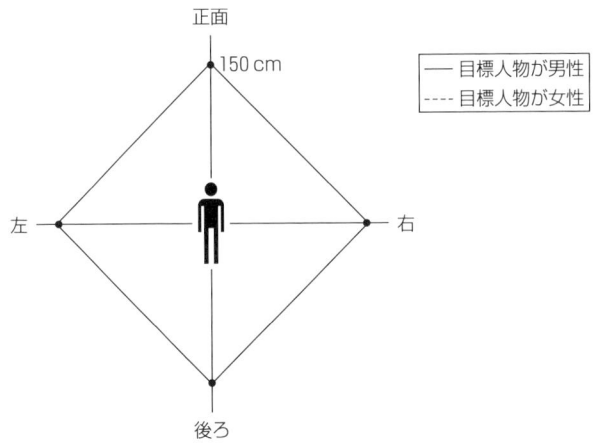

図 A1-1　接近実験によるパーソナル・スペースの大きさの概念図

目標人物に近づく方向によるパーソナル・スペースの大きさの違いについて考察してください。

目標人物が男性か女性かによるパーソナル・スペースの大きさの違いについて考察してください。

――――――――――――――――――――――――――――――――
――――――――――――――――――――――――――――――――

解　説

　渋谷（1990）によれば，パーソナル・スペースの測定方法には実測によるものと投影法的な手法によるものとがあるとされます。実測によるものとしては，①遠慮がちな観察（人の行動を写真に撮ったり，ビデオに記録したり，直接観察したりする方法），②侵入実験（他人にどこまで接近できるか，あるいは他人に接近されたときどのような行動をとるかを調べる方法），③接近および実験（目標に向かってまっすぐに歩いて行き，「それ以上近づきたくない」とか「不快に感じる」位置，あるいは他人に近づかれた人が「それ以上近づいてほしくない」とか「不快を感じる」位置からパーソナル・スペースを測定する方法）があります。

　投影法的な手法（被験者に直接パーソナル・スペースを測定しているとは思わせない方法）としては，①切り抜きの人物像や人形を使う方法（「お母さんと話している場面を考えて，自分の絵とお母さんの絵を紙に貼りつけてください」と指示するなど），②紙と鉛筆を使い紙面に自分の空間を描く方法（「自分の身体を中心にして，その周囲にどれくらいの空間をもっていると感じますか」と質問するなど）があります。投影法的な方法を用いると，ある場面を想定し，そのときにとると思われるパーソナル・スペースの大きさを測定することができ，いろいろな場面でのパーソナル・スペースを調べることができますが，その一方で現実のパーソナルスペースと違う場合がありうるという難点もあります。

　本章では実測法③の接近実験を行いました。パーソナル・スペースの大きさは相手により伸び縮みします。一般に，パーソナル・スペースは目標人物の前方が後方よりも大きいこと，同性よりも異性に対して大きいこと，知っている相手よりも知らない相手に対して大きいことなどが知られています。大学生11名を被験者（接近者）にした渋谷（1985）の報告では，表A1-2のような結果と

表A1-2 パーソナル・スペースの平均の大きさ（（ ）内は標準偏差，単位cm）
目標人物が既知の場合（渋谷，1985より）

接近者	目標人物	前方	右方	左方	後方	平均
男	男	70.0(51.5)	36.0(18.2)	42.0(13.0)	46.0(37.8)	48.5
	女	74.0(35.1)	67.0(21.1)	56.0(15.2)	62.0(9.1)	64.8
女	男	139.5(39.4)	99.1(29.8)	100.0(30.7)	89.1(34.8)	106.9
	女	65.9(19.6)	74.1(11.6)	64.1(13.0)	70.0(13.4)	68.5

なっています。今回の測定値と比較をしてみましょう。

学習課題

　今回は既知の学生に接近する実験によりデータを取りましたが，目標人物を自分のよく知らない学生にして，同様の手続きでパーソナル・スペースの大きさを調べてみましょう。得られた結果から，既知の目標人物との間のパーソナル・スペースの大きさの違いを考察してみましょう。渋谷（1985）による未知の目標人物についてのデータ（表A1-3）とも比較してみましょう。

表A1-3 パーソナル・スペースの平均の大きさ（（ ）内は標準偏差，単位cm）
目標人物が未知の場合（渋谷，1985より）

接近者	目標人物	前方	右方	左方	後方	平均
男	男	124.0(37.8)	105.0(28.3)	108.0(21.7)	134.0(32.9)	117.8
	女	168.0(77.9)	107.0(18.6)	92.0(34.9)	141.0(39.7)	127.0
女	男	147.7(34.4)	134.5(23.4)	142.7(26.1)	147.7(23.5)	141.8
	女	117.7(30.6)	104.1(36.9)	99.5(19.0)	95.9(17.1)	105.4

渋谷昌三　1985　パーソナル・スペースの形態に関する一考察　山梨医科大学紀要，2, 41-49.

渋谷昌三　1990　人と人との快適距離：パーソナル・スペースとは何か　日本放送協会出版

A 2　気持ちを表情から読み取る

問　題

　私たちは他者とコミュニケーションを行うとき，言葉だけではなく，しぐさや表情から相手のメッセージを読み取っています。その中でも多くの場合，私たちは相手の表情に注意を向けているのではないでしょうか。それは，私たちの顔の表情が，その人の感情をもっとも表現していると理解しているからです。
　エクマンとフリーセン（1975/1987）は，主要な感情をあらわす顔の表情は民族や文化にかかわらず共通していることを明らかにしました。しかし，ある感情がどのような状況で喚起されるのかといった理解や，一定の社会状況の中で感情を表現するのか，それとも制御しようとするのかについての判断基準には，文化による違いも見られることを明らかにしています。
　この章では，他者とのコミュニケーションを円滑に行うための演習として，表情からその人の感情を読み取る，あるいは自分自身で，ある表情を意図的に作ってみることで，どのような感情を感じることができるかについて練習を行いたいと思います。

やりかた

　まず図A2-A（エクマン，2003/2006）を見てください。これは，とくに感情をあらわしていない中立的な表情を示しています。次に図A2-1～図A2-6（エクマン，2003/2006）を見てください。それぞれの表情はどのような感情をあらわしているか考えてみましょう。そして，そのように考えた表情の特徴についてまとめてみましょう。

結果の解説

　私たちの顔には，眉・目・鼻・口などの部分があり，20種類以上の表情筋によってさまざまな感情をあらわすことができるようになっています。その中でも，①目の上の眉の周辺部分，②瞼など目の周りの部分，③口の周辺や頬の部分の3つの領域に注目してみましょう。エクマンとフリーセン（1975/1987）によると，この3領域は互いに独立しており，それぞれの領域で感情によって特

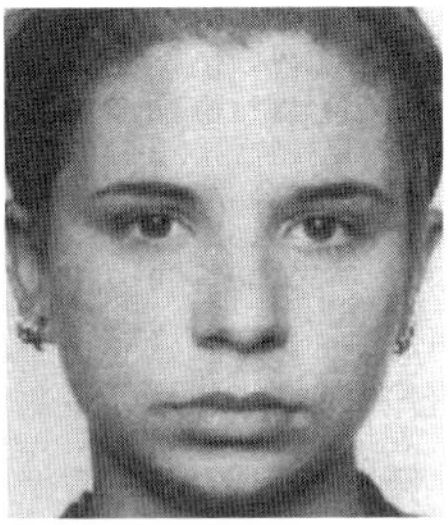

A2 気持ちを表情から読み取る　11

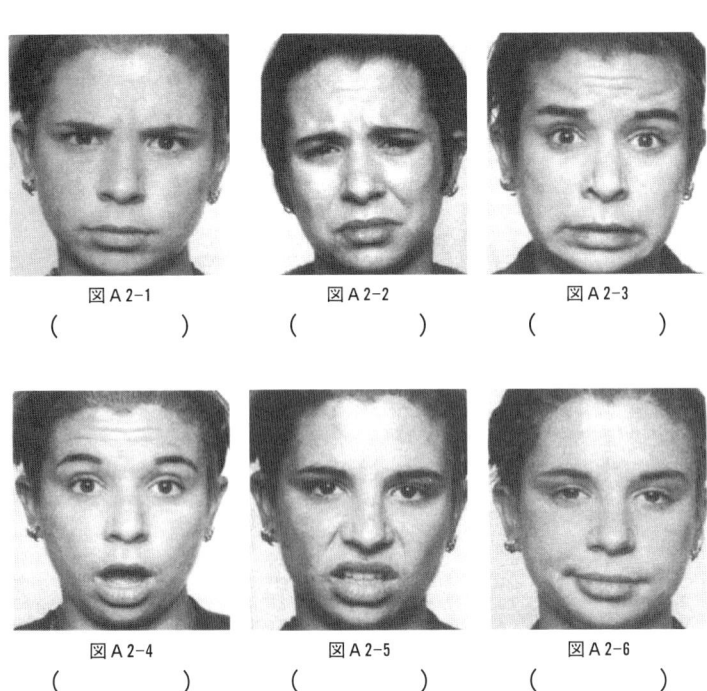

図 A2-A

図 A2-1　　　　　図 A2-2　　　　　図 A2-3
（　　　）　　　（　　　）　　　（　　　）

図 A2-4　　　　　図 A2-5　　　　　図 A2-6
（　　　）　　　（　　　）　　　（　　　）

徴的な筋肉の動きが見られると考えられています。

　さて，この課題のように，呈示された表情が与えられた感情カテゴリーのいずれに該当するかを判断させる方法をカテゴリー判断法といいます。これまでに顔の表情から判断される基本的な感情カテゴリーとしては，嬉しさ・驚き・恐れ・怒り・悲しみ・嫌悪・軽蔑の7つが提案されています（工藤，1999）。こ

れらの感情を快一不快の次元で分けてみると，快感情はあまり分化していないのに対し，不快感情は細かに分化していることがわかります。

では，実際にそれぞれの表情を模倣しながら正解を考えていきましょう。少し極端な感じがするかもしれませんが，ぜひ鏡を前に置いてやってみましょう。

図A2-1　①眉を寄せて下げます。そのとき眉間に縦にしわが寄っているのを確かめてください。②上瞼で下がった眉毛を押し上げ，緊張させます。③下瞼を鼻の方向に引き寄せます。④唇はきつく結んで緊張させます。もしくは，四角く口を開けていてもかまいません。

図A2-2　①眉を寄せてもち上げます。眉の内側の下が三角形になっていますか。②目を細めるかのようにして，両頬をもち上げます。さらに視線を下に向けてみましょう。③唇の両端を引き下げたまま，両端を反対方向に引っ張り，唇の両端の緊張を保ちます。口は開けてもかまいません。頬がもち上がると目尻にしわができていますか。また，唇の両端が押し下げられると下唇が緊張して押し上げられていますか。確かめてみましょう。

図A2-3　①自然な形で眉を上にもち上げ，内側に引き寄せます。③上瞼をできるだけ上げ，目が見開いた状態になります。できれば，下の瞼を少し緊張させます。④唇は耳の方向に水平方向に引っ張ります。⑤そのままの状態で，上下の歯がくっついたまま口を開けます。

図A2-4　①眉の内側と外側を同時にもち上げます（自然な形で眉を上にもち上げます）。②上瞼もできるだけもち上げます。③あごを真下に下げ，上下の歯が離れ口が開いた状態になります。

図A2-5　①上唇を上方にもち上げます。それと一緒に頬ももち上げられます。そのため，小鼻のつけ根から唇の両端にかけてできるしわが目立つようになります。②下唇をわずかに突き出します。③鼻にしわが寄ります（鼻の周辺のしわが下から上に寄るようになります）。

図A2-6　①口角の一方を耳の方向に引っ張り，強く締めて緊張させます。その際，顔をやや横向きに頭を傾けてもかまいません。②口角が締められた側の鼻の穴を広げてみましょう。

表情を模倣してみて，どのような感じがしましたか。では，正解を確認してみましょう。

図A2-1の表情は怒りです。怒りの表情では，上述した特徴をすべて兼ね備えている必要があります。たとえば，眉間にしわが寄るのは，怒りを感じているときばかりではありません。考えているとき，心痛の面持ち（困惑，混乱），決意するといったときや単にまぶしいときにも生じるからです。図A2-2の表情は悲しみです。図A2-3は恐怖です。図A2-4は図A2-3とよく似ていますが，驚きです。図A2-3の表情で，目を見開いた状態が1・2秒なら心配や恐れよりも驚きを表現している可能性が高くなります。図A2-5の表情は嫌悪です。鼻と口，頬の領域の動きに注目しましょう。図A2-6は軽蔑です。主に口の部分に特徴があらわれます。

それでは，次の表情はどのような感情をあらわしているでしょうか。①唇の両端を耳の方向に水平に引っ張ります。②頬をもち上げ，目尻にしわを作ります。主に目の部分と口の部分に特徴が示されています。正解は喜びです。

もう一度，上記の写真と比べてみましょう。

学習課題

これまで学習してきた点を参考に，弱い感情や入り交じった感情を抱いている場合，感情を抑えようとしている場合にはどのような表情になるか考えてみましょう。

エクマン，P. 菅 靖彦（訳） 2006 顔は口ほどに嘘をつく 河出書房新社
エクマン，P. & フリーセン，W. V. 工藤 力（訳） 1987 表情分析入門 誠信書房
工藤 力 1999 しぐさと表情の心理分析 福村出版
吉川左紀子・益谷 真・中村 真（編） 1993 顔と心：顔の心理学入門 サイエンス社

A3　ジェンダー・ステレオタイプ

問　題

　知りあいの家に赤ちゃんが生まれました。誰が決めたのでもないのに，男の子なら青のベビー服，女の子ならピンクのベビー服をプレゼントする人が多く，その逆は滅多にありません。このように，男性・女性によって，社会的に異なる意味づけが付与される，それが，ジェンダーなのです。

　また，ステレオタイプとは，「特定の社会集団や社会の構成員の間で受容されている固定的・画一的な観念やイメージ」（リップマン，1987）のことです。私たちは日々さまざまな人と接したり，多くの経験をする中で，知識を得たりしています。そして，それによって，たとえば「日本人は礼儀正しい」とか，「血液型がA型の人は，几帳面だ」というような観念やイメージを作っていきます。しかし，それは過度に単純化し，固定化したイメージであり，絶対的な真実とはいえず，実態とのずれを含んでいる可能性があります。

　皆さんは「優秀な外科医と優しい看護師」のカップルと聞いたとき，どのようなカップルを想像しますか？　恐らく多くの人が，「優秀な外科医＝男性」と「優しい看護師＝女性」のカップルをイメージするでしょう。これがジェンダー・ステレオタイプなのです。実は，このカップルは，女性の外科医と男性の看護師のカップルかもしれませんが，多くの人は「優秀な」とか「外科医」という言葉から「男性」をイメージし，「優しい」とか「看護師」という言葉から「女性」をイメージするのです。このように「男性と女性に対して，人々が共有する構造化された思いこみ」がジェンダー・ステレオタイプなのです。ジェンダー・ステレオタイプには，性格的な特性や，職業，身体的な外見，態度，行動，社会的な関係などに関する情報が含まれています。そして，それらは相互に関連しあっているのです。たとえば，ある人が女性であれば，その人はいくつかの心理的な特性（情緒的な，依存的な）をもち，ある特定の行動（育児・料理）を遂行するというように考えるのです（Deaux & Lewis, 1984）。

　さて，それでは，あなたの考え方にジェンダー・ステレオタイプは，どの程度影響しているのか，土肥（2006）の実験によって調べてみましょう。

やりかたと課題

　クラスやサークルの仲間など，同世代の男女各3人，計6人でコンパをしたとしましょう。コンパが終わり，いざ支払いとなったときに，その6人は飲酒代をどのように割るのでしょうか？　合計額をきっちり6人で当分に割り勘にするという場合もあるし，他人より多く飲んだと思った人が自主的にその分多く支払うという場合もあるでしょう。また，男性は〇円，女性は△円というように，男女で支払う金額を変える場合もあるかもしれません。

　さて，問題です。男女3人ずつのクラス・メイトでコンパを行い，最終的に飲酒代の総額は12,000円でした。1人いくらで割ればよいでしょうか？　その際，表A3-1には，お酒のよく飲める人，あまり飲めない人の男女の数がさまざまに異なる16種類のケースが示されています。各ケースにおいて，1人いくら払うのが妥当か，判断してください。支払方法の例は，表A3-2の5つの支払いパターンの中から選んで，表A3-1の空欄に記入してみましょう。

表A3-1　16のケースの，男女それぞれの飲める人の人数（単位：人）（土肥，2006より引用）

ケース	女性 飲める人	女性 飲めない人	男性 飲める人	男性 飲めない人	支払い方法
1	0	3	3	0	[　　]
2	0	3	2	1	[　　]
3	0	3	1	2	[　　]
4	0	3	0	3	[　　]
5	1	2	3	0	[　　]
6	1	2	2	1	[　　]
7	1	2	1	2	[　　]
8	1	2	0	3	[　　]
9	2	1	3	0	[　　]
10	2	1	2	1	[　　]
11	2	1	1	2	[　　]
12	2	1	0	3	[　　]
13	3	0	3	0	[　　]
14	3	0	2	1	[　　]
15	3	0	1	2	[　　]
16	3	0	0	3	[　　]

表A3-2　男女の支払い方の例（土肥，2006改変）

支払いパターン	女性3人の支払い	男性3人の支払い
1	0円	4,000円
2	1,000円	3,000円
3	2,000円	2,000円
4	3,000円	1,000円
5	4,000円	0円

結果の解説

　図A3-1は，某大学の大学生356名を対象としたときの結果です（土肥，2006）。ケース1～4は飲める女性が0人，ケース5～8は飲める女性が1人，ケース9～12は飲める女性が2人，ケース13～16は3人の女性が飲めるという共通点があります。それぞれのまとまりの中では，ケース番号が増えるにつれて男性の中で飲める人の数が3人から0人へと減少していきます。4ケースごとのまとまりの中で比較すると，いずれのまとまりにおいても，女性の飲める人が増えれば，女性の支払額を多くすべきであると考えており（たとえば，ケース4とケース16の比較），男性の飲める人が減れば男性の支払額を少なくすべきである（たとえば，ケース9とケース12の比較）という考え方をしていることが明らかになりました。これらの結果は，男女に関係なく飲める人が多く支払うべきだと判断していることを示しています。

　ところが，その一方で，男女が同程度飲める場合でも，女性より男性のほうが多く支払うべきだという考え方も見られました。ケース4，7，10，13では，

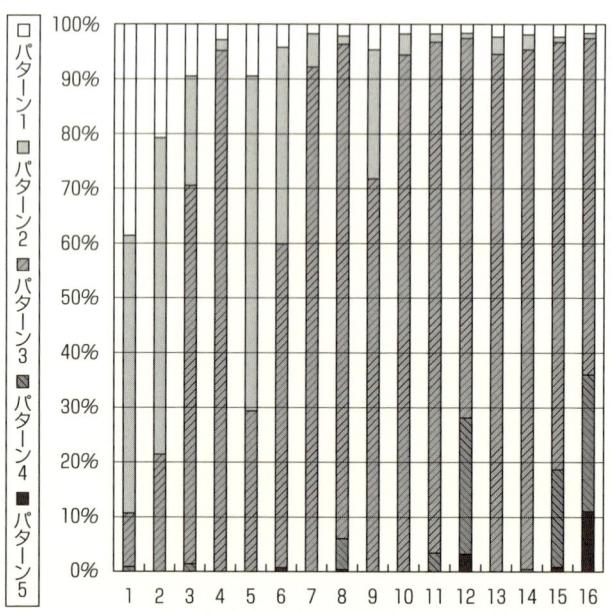

図A3-1　各ケースの支払いパターンの選択率（土肥，2006改変）

男女飲める人の割合が同じです。それらの結果を見ると，確かに割り勘を選択した人の率が高いのですが，割り勘以外の支払い方法を選択した被験者はほぼ全員，女性より男性のほうが多く支払うべきだと判断していました。この結果は，男女が同じように飲めるとしても，女性より男性のほうが多く支払うべきだというジェンダー・ステレオタイプの反映だと考えられます。

　上記のようなジェンダー・ステレオタイプは現代社会を反映しています。1986年に「男女雇用機会均等法」が施行され，企業は，募集・採用・配置・昇進について均等な取り扱いをするよう努力せねばならないということが定められました。しかし，現実には男女の賃金の格差は大きく，男性は女性より高い賃金を得ています。ここから，支払い場面においても，高所得である男性が，低所得の女性にごちそうするという構図ができ上がるというわけです。しかし，賃金格差に関しては無関係の学生などにおいても，同様の現象が見られるのは，まさにジェンダー・ステレオタイプの影響だといえるでしょう。

学習課題

　自分自身が選択した結果と照らしあわせて，日頃の自分自身の行動や考え方を，もう一度チェックしてみましょう。先の「コンパの支払額」のように，知らず知らずのうちに「僕は男だから，料理はできなくてもよいのだ」とか，「私は女だから，理数系の問題はできなくて当たり前」と考えてはいませんか。ジェンダー・ステレオタイプの影響を受けて，自分の能力や可能性を狭めてしまうのは非常に残念なことです。それが，いつのまにか自然なことのように考えて，ついには「私は女だから，賃金が低くても当たり前なので」というように女性差別まで肯定してしまうことになってしまっては大問題ですね。

Deaux, K., & Lewis, L. L.　1984　Structure of gender stereotypes: Interrelationships among components and gender label. *Journal of Personality and Social Psychology*, **46**, 991-1004.

土肥伊都子　2006　飲酒の勘定額にみるジェンダー・ステレオタイプ―女性性・男性性との関連　神戸松蔭女子学院大学「研究紀要」，**47**, 61-77.

リップマン，W.　掛川トミ子（訳）　1987　世論　岩波書店

A4　男らしさ・女らしさ

　私たちは男女いずれかの性に属していますが，このことは，男女それぞれに期待された社会的役割を演じることにもつながっています。そして，その役割内容，すなわち，女性とはこうあるべきだ，あるいは，男性はそういうものだ，などと考えられているものが，ジェンダー・ステレオタイプ（前章参照）です。また，性格特性に関する男女の役割が自己の一部となったものは，それぞれ，男性性（masculinity），女性性（femininity）とよばれています。男性性の高い人は，男性に期待されているものが自分にはあると考えている人で，女性性の高い人は，女性に期待されるものが自分にはあると考えている人です。一般に，女性性は共同性（communion），男性性は作動性（agency）が主なものと考えられています（土肥・廣川，2004）。共同性は，円滑な人間関係や親密性などにかかわる特性で，作動性は達成や自己成長などにかかわる特性です。

　個人の男性性，女性性は，一般にアンドロジニー・スケールとよばれるもので測定されてきました。その多くは，男性性尺度と女性性尺度から構成されています。そして，以前の性度尺度とは異なり，男性性が高いと女性性が低くなるとか，女性性が高いと男性性は低くなるとは考えません。男性性と女性性は一人の個人の中で両立することも可能であると考えます。こうした状態が，心理的両性具有です。

　CAS（共同性‐作動性尺度；土肥・廣川，2004）は，女性性の主要な要素の共同性と，男性性の主要な要素の作動性を，肯否両側面について測定するものです。共同性と作動性は，そのどちらか片方だけが強いと，行き過ぎた共同性や作動性になると考えられ，それらを否定的共同性，否定的作動性としています。

やりかた

　表A4-1の24項目に回答してみてください。

結果の整理

　以下の6項目ずつの合計点から，4つの尺度得点を作成します。

表A4-1　CAS尺度項目

1番から24番の各項目は，どれくらい自分にあてはまりますか。	かなりあてはまる	ややあてはまる	あまりあてはまらない	まったくあてはまらない
1. ありがとうの言葉を口に出せる	4	3	2	1
2. 無能な人は我慢できない	4	3	2	1
3. 他人を自分のいいなりにさせる	4	3	2	1
4. 他人のことを気にしすぎる	4	3	2	1
5. 相手の立場にたって考えられる	4	3	2	1
6. 相手の言い分に耳をかさない	4	3	2	1
7. 素直に謝ることができる	4	3	2	1
8. 積極的に活動する	4	3	2	1
9. 人前で自分の意見をいうのは苦手だ	4	3	2	1
10. 人をほめるのがうまい	4	3	2	1
11. すぐに人に頼ることを考えてしまう	4	3	2	1
12. 人の言葉に傷つきやすい	4	3	2	1
13. 人に攻撃的な態度をとる	4	3	2	1
14. 人と協力できる	4	3	2	1
15. 周りの人のことを考えすぎて行動できない	4	3	2	1
16. 自分の意見は主張する	4	3	2	1
17. 自分に自信がある	4	3	2	1
18. 自分とは異なる意見を受け入れることはできない	4	3	2	1
19. 思いやりをもって人と接している	4	3	2	1
20. 困難なことにぶつかってもくじけない	4	3	2	1
21. 一度決心すれば，すぐに行動に移す	4	3	2	1
22. 意志が強く，信念をもっている	4	3	2	1
23. 人の失敗は許せない	4	3	2	1
24. 人の発言を深読みしすぎる	4	3	2	1

肯定的作動性項目：8，16，17，20，21，22　肯定的共同性項目：1，5，7，10，14，19
否定的作動性項目：2，3，6，13，18，23　否定的共同性項目：4，9，11，12，15，24

以上の4つの尺度得点のうち，肯定的共同性（女性性）と肯定的作動性（男性性）の得点を用いて，個人のジェンダー・タイプを特定します。まず，肯定的共同性（女性性）の得点が，男女とも19点以上の人は女性性高群に，それ未満は女性性低群に入るものとします。同様に肯定的作動性（男性性）の得点が，女性の場合15点以上，男性の場合16点以上の人は男性性高群に，それ未満は男性性低群に入るものとします。そして，女性性と男性性それぞれの高低群の組み合わせによって，それら両方とも高群の人を心理的両性具有型，女性性が高

図A4-1　4つのジェンダー・タイプ

群で男性性は低群の人は女性性優位型，男性性が高群で女性性は低群の人は男性性優位型，両方とも低群の人は，未分化型とします（図A4-1参照）。

結果の解説

　個人は，未分化型から，女性は女性性優位型へ，男性は男性性優位型へ移行すると，筆者は考えています。ジェンダーを社会化することでジェンダー・スキーマ（性別に基づく認知的枠組み）を身につけていくからです。そして，この段階では，女性性優位型は否定的共同性，男性性優位型は否定的作動性が高い傾向にあります。しかしその後，自分らしさを確立する段階で，男性性も女性性も両方とも人間として必要であることや，男性性および女性性の中には，否定的な側面もあることなどを認識するようになり，最後に肯定的作動性と肯定的共同性を身につけ，否定的作動性と否定的共同性は低い両性具有型になるのです（土肥，2006）。

　ところで，本章の表題である「男らしさ」「女らしさ」は，これまで，男性性と女性性を言い換えたものとみなされてきました。これに対してここでは少し違った解釈をしてみます。女性には女性という性が，男性には男性という性があるわけで，個々の女性あるいは男性自身が，女性あるいは男性であることを前向きにとらえて自分らしさを確立しようと努め（ジェンダー・アイデンティティ；土肥，1996），主体的に肯定的側面の女性性や男性性を取り入れているのであれば，それは，その人らしさの一部ではないでしょうか。

　ただし，それに加えて，男性が「男らしく」なろうと男性性を取り入れるためには女性性も必要で，同様に女性が「女らしく」なろうと女性性を取り入れるためには男性性が必要であること，すなわち，肯定的側面の男性性も女性性

も両立させた心理的両性具有性をもつことで，初めてその人らしさは完成するのです。具体的に例をあげると，自分の目標達成（男性性）には人と協力しあうこと（女性性）が助けになりますし，人のためになりたい（女性性）と思ったときには自分に備わった能力や熟練（男性性）が威力を発揮してくれる場合などがあります。つまり，「女らしい」女性や「男らしい」男性とは，実は心理的両性具有の人たちなのです。

　ただし，現代社会への適応や心理的健康，自尊心において，心理的両性具有型がもっとも優れていることにならないのが現状です。男性性優位の男性，女性性優位の女性の自尊心なども，両性具有型と同様に高いという結果もあります（Sugihara & Katsurada, 2004）。その原因の1つに，社会自体のジェンダー化があるでしょう。表向きには両性具有性が望ましいとされていても，裏では男性は男性性を，女性は女性性をもつだけのほうがよいという暗黙の了解や，男女間の役割の差異を前提にした社会制度が残っているのです。個人の人間性の高まりは，それぞれの人々が社会に目を向け，社会を変えていくことで実現することを，もっと認識する必要がありそうです。

学習課題

　あなた自身や友人に，CAS を実施して，ジェンダー・タイプを特定しましょう。各ジェンダー・タイプの人たちには，どの程度，性別へのこだわりや自分らしさ（個性）がありますか。彼らの日頃の言動を思い出して，考えてみましょう。

土肥伊都子　1996　ジェンダー・アイデンティティ尺度の作成　教育心理学研究, **44**, 187-194.
土肥伊都子・廣川空美　2004　共同性・作動性尺度（CAS）の作成と構成概念妥当性の検討　―ジェンダー・パーソナリティの肯否両側面の測定　心理学研究, **75**, 420-427.
土肥伊都子　2006　男らしさ・女らしさ　福富　護（編）ジェンダー心理学　朝倉書店　pp. 105-120.
Sugihara, Y., & Katsurada, E.　2004　Androgyny and self-esteem revisited: Gender-related personality traits and self-esteem in Japanese society. 秋田大学教育文化学部教育実践研究紀要, **26**, 57-64.

A5　身体の認知

問　題

　あなたは1日に何回くらい鏡をのぞくでしょうか。朝の洗顔のとき，外出の前の身支度のとき，洗面所で手を洗ったとき，入浴のときなど，何回も自分の顔や姿を見ていることでしょう。鏡がなくても，街角のショーウィンドに映る自分の姿を見ている人に出会うことも少なくありません。「人間，顔じゃないよ，心だよ」とは言われるものの，だれもが気になるのが，顔や姿などの外見です。外見に価値をおきすぎることは望ましくないことですが，最近では女性でも男性でもエステティックやダイエットが流行のようです。どうして，私たちは自分の顔や姿に高い関心をもつのでしょうか。こうした自分の身体について認知したものを，心理学ではボディーイメージあるいは身体像とよんでいます。ここでは，自分が自分の身体をどのように認知し，これがどのように心理に影響を与えているのか考えてみたいと思います。

　では，ボディーイメージはどのように形成されるのでしょうか。あなたが，自分の身体について，満足や不満などの感情をもつようになったのはいつ頃か思い出してみて下さい。人によって異なると思いますが，多くの人は小学校高学年から中学生の頃ではなかったかと思います。ちょうどこの頃は，思春期とよばれる時期で，子どもの身体から大人の身体へと急激に変化するときです。たとえば，身長が急に伸びて，両親や先生より背が高くなった人もいるかもしれません。このように量的に大きくなることが1つの変化です。また，女子なら乳房の発達や初経を，男性なら声変わりや精通を経験したことを覚えていることでしょう。こうした性的な成熟がもう1つの変化です。これらの身体の変化は，それまでにないほど急激であったり，経験のない変化であったりするため，自分の身体を自分でコントロールできない感じがしたり，自分の身体でないような気がしたりするといわれています。このようなとき，自分の身体へ注意が向き，ボディーイメージを形成する契機になると考えられます。

　また，青年期にはとくにこうしたボディーイメージが，自己概念に影響するともいわれ，自分自身を肯定的にあるいは否定的に受けとめるかは，自己のボディーイメージのもち方に関係しているようです。もしかすると，ほんのささ

いな身体の悩みがあなたを憂うつにし，否定的な自己概念を形成させているかもしれません。さて，こうした自分の身体に対するボディーイメージとして，ここでは身体満足度を取り上げて，実際に測定しながら，考えていきましょう。

やりかた

①あなたは，自分の身体のいろいろな部位や身体指標にどのくらい満足していますか。次に書かれている20の部位や身体指標それぞれについて，どのくらい満足しているか，あるいは不満であるか，右の1から5の中から当てはまるものを選んでください。

	非常に満足	やや満足	どちらともいえない	やや不満	非常に不満
1. プロポーション	5	4	3	2	1
2. 顔	5	4	3	2	1
3. 髪	5	4	3	2	1
4. 顔の色つや	5	4	3	2	1
5. 目	5	4	3	2	1
6. 鼻	5	4	3	2	1
7. 口	5	4	3	2	1
8. 歯	5	4	3	2	1
9. 肩幅	5	4	3	2	1
10. 腕	5	4	3	2	1
11. バスト	5	4	3	2	1
12. ウエスト	5	4	3	2	1
13. ヒップ	5	4	3	2	1
14. ふともも	5	4	3	2	1
15. 脚	5	4	3	2	1
16. 足首	5	4	3	2	1
17. 体格	5	4	3	2	1
18. 身長	5	4	3	2	1
19. 体重	5	4	3	2	1
20. 容姿	5	4	3	2	1

②次の式に最近の測定値を記入して，計算してみましょう。

BMI＝体重（　　　　）(kg)÷身長（　　　　）²(m)＝（　　　　）

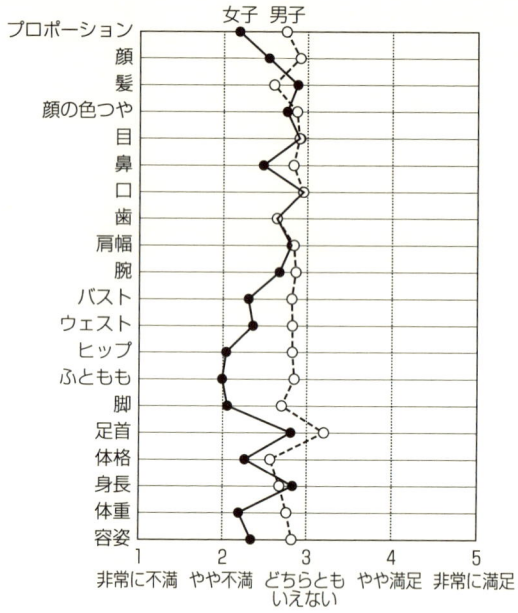

図A5-1　男女別の身体満足度（金本・横沢・金本, 1999より作図）

結果の整理

やりかた①で回答した結果を図A5-1のグラフに△で書き入れ, それを線で結び, プロフィールを作ってみましょう。

解　説

図A5-1は, 大学生女子914人, 大学生男子934人 (平均年齢19.4歳) の結果をプロフィールにしたものです。まず, この結果を見てみましょう。20項目の平均を見ると, 女子は2.45で, 男子は2.80ですので, 男子は「どちらともいえない」よりもわずかながら「やや不満」傾向にあり, 女子では男子よりもさらに「やや不満」傾向にあります。個々の部位や身体指標を見ると, 女子は男子よりも不満傾向にあり, もっとも不満の程度が高いのが「ふともも」で, 以下「ヒップ」「脚」「プロポーション」「体重」「体格」が続きます。他方男子では, 全体的に「どちらともいえない」よりもやや不満傾向にあり,「体格」「髪」「歯」「身長」に対する不満がやや高く,「髪」と「身長」では女子よりも不満が高い

結果となりました。では，これと自分のプロフィールとを比べ，どのようなことがいえるか考えてみましょう。

　つぎに，やりかた②で計算したBMIを見てましょう。これは，Body Mass Indexという体格を示す指標で，日本肥満学会(2000)の基準では18.5未満を低体重(やせ)，18.5以上25未満を普通体重，25以上を肥満としています。実際にはそんなにふとっているわけでもないのに，不満が高かったり，無理にやせようと思ったりしてはいないでしょうか。自分のBMIの値とプロフィールをもう一度見て考えてみましょう。

　このように，ボディーイメージは，どちらかといえば，満足というよりは不満としてもつことが多いようです。顔が良くない，脚が短いなど，青年たちにはよくある悩みといえます。では，いったいなぜこうした不満が起こるのでしょうか。たとえば，良い顔とか，望ましい脚の長さといった絶対的基準があるわけではありませんし，平安時代の美人が今の時代でも美しいとされるわけではありません。ピーターセンとテーラー（1980）は，ボディーイメージの形成には，①親や他人が与える評価・反応・印象，②青年自身のパーソナリティ，③社会文化的要因の3つが影響しているとしています。これらによれば，「最近ふとったね」という友人の何気ない一言が気になったり，そう言われても，他人の言うことを気にとめない性格の人にはあまり気にならなかったり，痩身が良いとする社会にいるためにやせようとして，ダイエットに励んだりするわけです。

学習課題

　先ほどの自分の結果や自分の身体上の悩みなどを思い起こし，それらが自分の心にどのような影響を与えているか，考えてみましょう。

金本めぐみ・横沢民男・金本益男　1999　身体に対する相互認知に関する研究　上智大学体育，**32**，1-10.

Petersen, A. C., & Taylor, B.　1980　The biological appoarch to adolescence: Biological changes and psychological adaptation.　In J. Adelson (Ed.), *Handbook of adolescent psychology.*　Wiley. pp.117-155.

A6　自分の名前のイメージ

　私たちは，人から自分の名前を間違えられたりすると，あまりいい気持ちがしません。初対面のような場合にはやっぱり読み間違えられたかと，それほど気にしないかもしれませんが，面識があるにもかかわらず名前を間違えられると，自尊心がとても傷つけられたように感じるでしょう。

　自分と同じ名前の人が何人かいることもあります。歴史上の人物であったり，小説や劇中の人物であったり，あるいは身近な人物であったりします。その人が立派な，あるいは著名な人であれば自分をも誇らしく感じ，犯罪を犯した人であればいやな感じをもったこともあるでしょう。

　だれでも，小学生か中学生の頃，自分の名前の書き方を練習した経験があるでしょう。あるいは，大学生になってもそうかもしれません。どのように書いたらバランスよく，カッコよく見えるかと，字体を変え，何度も何度も書いたりしたでしょう。名前が上手に書けないと，何だか自分が貧弱な人間であるように感じたりしたと思います。

　私たちは，なぜ自分の名前にこだわるのでしょうか。それは，名前が自分そのものの象徴に他ならないからです。

　名前は，誕生とほぼ同時に，他者によって付けられます。そして，自己についての意識をもつ前から，人は他者から特定の言葉（名前）で呼びかけられます。子どもはなんら特別に意識することなく，それが当然であるように自分の名前を受け入れています。ところが，成長し，家族を中心とした人間関係から，より他者関係が広がるに従って，人は名前にまつわるさまざまなことを経験することになります。それは，楽しい経験であったり，苦い経験であったりします。また，人によっては，自分の名前を嫌ったり，これほど自分にぴったりした名前はないと思ったりします。そうして，自分の名前についてのイメージが形づくられることになります。

　青年期になると，自分を対象化してとらえ，主体的に自己形成をはかろうとするといわれています。そこで，自己の1つの属性である自分の名前（姓ではなく）について，どのようなイメージを抱いているのかをSD法によって調べてみましょう。

やりかた

あなたは、自分の名前について、どのように感じていますか。次にある15の形容詞対について、それぞれあてはまるところに○をつけてください。

```
                  と か や ど や か と
                  て な や いち な て
                  も り   ええ   り も
                        らな
                        いと
                        もい
 1. 明るい        7——6——5——4——3——2——1  暗い
 2. 深みのある    7——6——5——4——3——2——1  うすっぺらな
 3. わかりにくい  7——6——5——4——3——2——1  わかりやすい
 4. 新しい        7——6——5——4——3——2——1  古い
 5. 大きい        7——6——5——4——3——2——1  小さい
 6. 複雑な        7——6——5——4——3——2——1  単純な
 7. 楽しい        7——6——5——4——3——2——1  つまらない
 8. 強い          7——6——5——4——3——2——1  弱い
 9. 特色のある    7——6——5——4——3——2——1  ありきたりな
10. 派手な        7——6——5——4——3——2——1  地味な
11. 広い          7——6——5——4——3——2——1  狭い
12. 親しみにくい  7——6——5——4——3——2——1  親しみやすい
13. しゃれた      7——6——5——4——3——2——1  やぼったい
14. 安定な        7——6——5——4——3——2——1  不安定な
15. 幻想的な      7——6——5——4——3——2——1  現実的な
```

結果の整理

自分の名前についてのイメージは、3因子から構成されています。すなわち、洗練性、量感、複雑性の3因子です。上に示した形容詞対は、この3因子に対応しているので、それぞれに分けて、得点化し整理します。

○をつけた数字をそのままその項目の得点とします。各因子の得点は、下の表に従って、各項目の得点を合計します。

表A6-1　得点の計算表

洗練性得点	1	4	7	10	13	計
量感得点	2	5	8	11	14	計
複雑性得点	3	6	9	12	15	計

結果の解説

　表A6-2には，男女別，および自分の名前に対する態度別に，3因子の平均点と標準偏差が示してあります。表A6-2の結果からわかることは，まず，量感と複雑性には性差が見られ，洗練性には性差は見られないことです。男子が女子よりも，自分の名前を量感的，複雑だと見ていることを示しています。

　第二に，洗練性と量感には，自分の名前の好き嫌いによって差が見られることです。自分の名前を好きな人は，嫌いな人よりも，名前を洗練されたもの，量感的なものと感じているといえます。自分の名前の好き嫌いと，名前の複雑性とは関連していません。

　次に，自分の各因子の得点が表A6-2の平均点とどの程度の違いがあるか調べてみます。自分の得点の相対的位置を知るためには $M \pm SD$，あるいは $M \pm 2 \times SD$ を計算します（たとえば，男子の洗練性では，19.4＋3.8＝23.2，あるいは 19.4＋2×3.8＝27.0）。自分の洗練性得点が，23.2以上あれば，高得点者の約16％内となり，27.0以上あれば，約2.3％内となり，そのような人はきわめて少ないことになります。マイナスする場合は，逆に得点が低いことになります。

表A6-2　名前のイメージの3因子の平均点と標準偏差（宮沢，1989に，さらにデータを加えて計算）

	自分の名前について	男	計	女	計
洗練性	好き	21.1 (4.0)		21.8 (4.3)	
	好きでも嫌いでもない	18.9 (2.8)	19.4 (3.8)	18.5 (4.2)	19.7 (4.9)
	嫌い	14.4 (4.5)		14.0 (4.4)	
量感	好き	25.3 (4.7)		22.9 (3.7)	
	好きでも嫌いでもない	21.5 (3.5)	22.7 (4.6)	21.3 (2.9)	22.0 (3.6)
	嫌い	19.3 (5.0)		20.1 (4.4)	
複雑性	好き	18.6 (5.6)		16.7 (5.4)	
	好きでも嫌いでもない	18.3 (4.9)	18.5 (5.2)	15.5 (5.3)	16.1 (5.6)
	嫌い	18.6 (5.3)		16.0 (7.4)	

（注）大学生の男（383人），女（504人）のデータです。自分の名前に対する態度の割合は，男が「好き」36.3％，「好きでも嫌いでもない」56.4％，「嫌い」7.3％，女が「好き」48.8％，「好きでも嫌いでもない」42.3％，「嫌い」8.9％です。

解　説

　自分の名前は，青年期，ときによれば児童期から，特別に意識されることがあります。シュプランガーやエリクソンは，人（青年）が自分を新しい人間としてとらえようとするとき，自分の姓名や呼称にこだわることがあると指摘しています。

　自分の名前に関するイメージには，使われている文字の言語的意味や，そのイメージ，同名の人のイメージなどがかかわっています。このようなイメージとしての名前は，私たちの現実と感じる自分の認識（自己概念）との間に微妙なずれを生ずることがあります。どうも名前と自分がそぐわないと感じたり，名前の意味するところの人間になりたいと思ったりすることです。

　名付けた人（親）に対する気持ちが反映していることもあります。親の名付け行動（由来）に，愛情を感ずるなら，自分の名前を好意的に受けとめるようです。また，親の願いや期待を裏切らないようにと，自己形成をはかろうとすることもあります。

　自分がどのような人間になるか，自分の責任において人格形成しつつある青年にとっては，所与の名前をもった自己存在の固有性を自覚していくことにより，次第に名前が自分になじんだものになるといえるでしょう。

学習課題

　名前のイメージと自分自身についてのイメージ（自己概念）とのずれを調べて，そのずれの意味を考えてみましょう。先の15形容詞対を使って，自分のイメージ（自己概念）を測定し（具体的には，「自分の名前」を「自分」に変えて回答する），項目ごとに名前のイメージと自分のイメージの差（絶対値）を調べます。さらに3因子別に，名前のイメージと自分のイメージの差の合計点も計算し，どの因子でずれが大きいかも調べます。

エリクソン，E. H.　岩瀬庸理（訳）　1973　アイデンティティ　金沢文庫
宮沢秀次　1989　自己の「名前」についての意識　名古屋経済大学・市邨学園短期大学人
　　文科学論集，**43**，293-312.
シュプランガー，E.　原田　茂（訳）　1973　青年の心理　協同出版

A7　対人認知

問　題

　私たちは日頃，自分の周りの他者について，相手がどのような人間であり，今どういった状態にあるかに強い関心を寄せています。また，家族，友人，恋人などとの間の対人関係について考えたり，悩んだりすることも，日常生活においてしばしば経験します。これらの例のように，他者に関した種々の情報を手がかりとして，パーソナリティ，情動，意図，態度，あるいは対人関係といった人の内面的特徴や心理過程を推論する働きを，対人認知（person perception）とよびます。

　私たちは，他者に関する自分なりの認知に基づいて，相手を理解したり将来の行動を予測し，その人物に対する接し方を決定していきます。この点からも，対人認知は，人の社会的環境への適応にとって，きわめて重要な機能を果たしていることが理解できるでしょう。

　対人認知の主要な側面の1つに，他者のパーソナリティについての認知があります。Aさんは積極的だが慎重さに欠けるとか，Bさんは親切で明朗だといった認知が，こうした例にあたります。また，写真や電話の声だけから相手の人物像を推定するような，他者に関した情報が限定された状況でのパーソナリティ認知は，印象形成（impression formation）とよばれます。

　パーソナリティ認知の過程においては，他者がもつ刺激情報条件のみでなく，認知者側の条件（期待・欲求，性格，認知構造，先行経験など）や認知者と相手との関係（関係の深さ，対人感情，地位・役割など），さらには判断のなされる状況的文脈が認知内容を大きく規定することが知られています。ここでは，このようなパーソナリティ認知過程を理解するための一助として，父親（または母親）に対する認知像を探ってみることにします。

やりかた

　あなたから見て，あなたの父親（または母親）はどのような人ですか。次ページの15の尺度について，それぞれあてはまるところに○印をつけてください。

	とても	かなり	やや	どちらともいえない	やや	かなり	とても	
1. 感じのよい	7	6	5	4	3	2	1	感じのわるい
2. 無責任な	1	2	3	4	5	6	7	責任感の強い
3. 社交的な	7	6	5	4	3	2	1	非社交的な
4. 近づきがたい	1	2	3	4	5	6	7	人なつっこい
5. 慎重な	7	6	5	4	3	2	1	軽率な
6. 消極的な	1	2	3	4	5	6	7	積極的な
7. 人のよい	7	6	5	4	3	2	1	人のわるい
8. 軽薄な	1	2	3	4	5	6	7	重厚な
9. 恥ずかしがりの	1	2	3	4	5	6	7	恥しらずの
10. 親しみにくい	1	2	3	4	5	6	7	親しみやすい
11. 無分別な	1	2	3	4	5	6	7	分別のある
12. うきうきした	7	6	5	4	3	2	1	沈んだ
13. 親切な	7	6	5	4	3	2	1	いじわるな
14. 意欲的な	7	6	5	4	3	2	1	無気力な
15. 卑屈な	1	2	3	4	5	6	7	堂々とした

結果の整理

　他者に対するパーソナリティ認知の基本次元には，好感・親和に関した《個人的親しみやすさ》，尊敬・信頼に関した《社会的望ましさ》，活動性と意志の強さが融合した《力本性》の3次元があることが指摘されています（林，1978）。

　上記の15尺度は，これら3次元に対応していますので，下の表A7-1に従って各次元での合計得点を算出します（表中の数字は尺度番号）。○をつけた数字が，そのまま尺度得点となります。次に，図A7-1の座標軸上に，父親（母親）像の位置を×印で示してください。

表A7-1　父親（または母親）に対する認知得点

						計
個人的親しみやすさ	1	4	7	10	13	計
社会的望ましさ	2	5	8	11	14	計
力本性	3	6	9	12	15	計

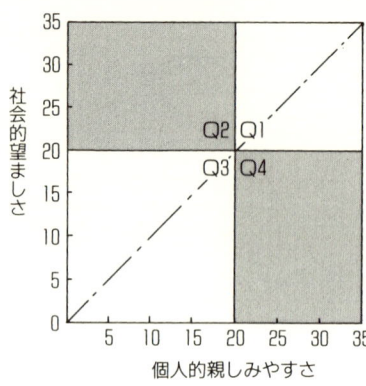

図A7-1 個人的親しみやすさ×社会的望ましさ

結果の解説

各尺度の中央値は4点ですので，4点×5尺度=20点がそれぞれの次元上における意味的な中性点となります。これを基準として，あなたの父親（または母親）に対する認知像がどのようなものであるかを知ることができます。たとえば，図A7-1において×印がQ2の象限に位置づけられている場合は，相手を「親しみにくい（好感がもてない）が，社会的には望ましい（尊敬・信頼できる）人物」と認知していることになります。

なお，他者に対するパーソナリティ認知は，常にここで取り上げた3次元に沿ってなされるとは限りません。しかし，そうした場合の認知次元も，基本的にはこれら3次元の枠組みから分類・整理できることが知られています（図A7-2）。また，パーソナリティ心理学の研究領域においては，人の性格が，外向性，協調性，勤勉性，情緒安定性，教養と命名される5因子から構成されるとするビッグ・ファイブモデル（Big Five Model）が注目を集めていますが，これらのうちの外向性は《力本性》，協調性は《個人的親しみやすさ》，勤勉性は《社会的望ましさ》と密接な関連をもつことが知られています。

ところで，すでに述べたように，対人認知においては，認知する主体の側の条件も認知内容を大きく規定します。こうした認知者側の個体変数として重要なものの1つに，暗黙裡の人格観（implicit personality theory; IPT）とよばれるものがあります。これは，人が，過去のさまざまな他者との出会いを通して経験的に学習した，人のパーソナリティについての素朴な見方や考え方の体系を指し，いわば他者を見る際の「眼鏡」に相当します。血液型や容貌を手がかりにして人を判断したりするのも，IPTの働きによるものです。

IPTの構造を上記の基本3次元の枠組みから分析した場合，他者を認知する際にどのような次元を重視するかといった側面での個人差が存在します。たとえば，他者認知に際して《個人的親しみやすさ》の次元を重視する個人は，

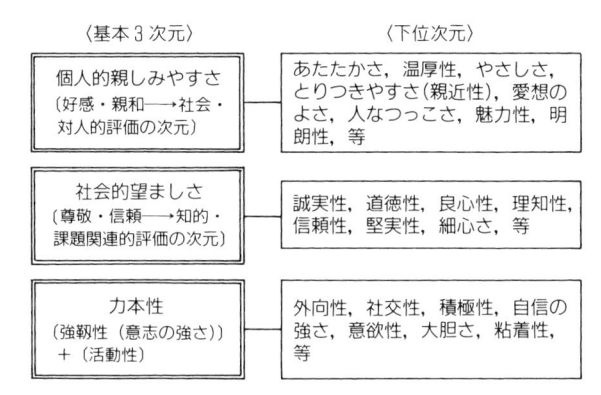

〈基本3次元〉	〈下位次元〉
個人的親しみやすさ （好感・親和→社会・ 対人的評価の次元）	あたたかさ，温厚性，やさしさ，とりつきやすさ（親近性），愛想のよさ，人なつっこさ，魅力性，明朗性，等
社会的望ましさ （尊敬・信頼→知的・ 課題関連的評価の次元）	誠実性，道徳性，良心性，理知性，信頼性，堅実性，細心さ，等
力本性 （強靱性（意志の強さ）） ＋（活動性）	外向性，社交性，積極性，自信の強さ，意欲性，大胆さ，粘着性，等

図A7-2　パーソナリティ認知の基本3次元

対人関係を水平的（ヨコの関係）にとらえる傾向が強いことが明らかにされています（林，1979）。

　他方，他者を認知する際にどれだけ多くの次元を働かせるかといった側面での個人差を問題とするものに，「他者を多次元的に認知できる能力」と定義される認知的複雑性（cognitive complexity）の概念があります。認知的複雑性の高い人は，他者に関した多様で，ときには相互に矛盾するような情報をも適切な形で統合できると考えられています。それに対して，認知的に単純な人は，「良いか悪いか」「白か黒か」といったように，他者を一面のみで決めつけて判断する傾向があります。

学習課題

　特定の個人に対するパーソナリティ認知の仕方が，認知者の「眼鏡」によって大きく異なる場合があることを，日常生活場面に照らして考えてみましょう。

林　文俊　1978　対人認知構造の基本次元についての一考察　名古屋大学教育学部紀要（教育心理学科），**25**，233-247.

林　文俊　1979　対人認知構造における個人差の測定(4)──INDSCALモデルによる多次元解析的アプローチ──　心理学研究，**50**，211-218.

林　文俊・小田哲久　1996　ファジィ理論による性格特性5因子モデル（FFM）の検討　心理学研究，**66**，401-408.

A8　情報の伝達と変容

問　題

　私たちは日常，実際に目撃したことや聞いたことを，誰かに話すことがあると思います。話を聞いた人は，それをさらに別の誰かに伝えるかもしれません。こうして情報が人から人へと伝達されていく中で，その内容はどの程度正確さが保たれるのでしょうか。歪みはどの部分に，どんなふうにあらわれやすいのでしょうか。簡単な伝言の実験を通じてこの問題を考えてみましょう。

やりかた

　用意するもの：伝達文の原文（あらかじめグループの数だけコピーしておいてください），筆記用具，官製ハガキ程度の大きさの白紙（人数分，各自に配布）。

　伝達文：物語，ニュースなどに基づいて作成した短いストーリー（150—200字程度）。実験参加者全員が未知のものにしてください。数字（たとえば時刻）やあまり知られていない固有名詞などが適宜含まれるといいでしょう（下の例文を使う場合は事前に参加者の目に触れないようにしてください）。

　手続：5名—10名で1グループになります。そして各グループごとに，順送りで筆記した文章の伝達を行います。まず1番目の参加者に原文を渡します。1番目の参加者は文章を記憶するつもりで黙読します（1〜2分程度の時間制限を設けておきます）。そして原文を裏返した上で，内容を思い出してできるだけ忠実に白紙に筆記したものを次に送ります（筆記時間は特に制限する必要はないでしょう）。2番目の参加者はそれを黙読，一定時間後に筆記をします。以下，最後の参加者まで同じ手続きを繰り返します。

結果の整理

　グループごとに各参加者が伝達した文章を順に並べて，表現の変化を整理します（文章を順に並べてコピーしたものをグループ全員に配れば，整理しやすいでしょう）。次のような点に注目してください。

　①長さの変化・・・各参加者が伝達した文章の字数を数えて，伝達順の長さ

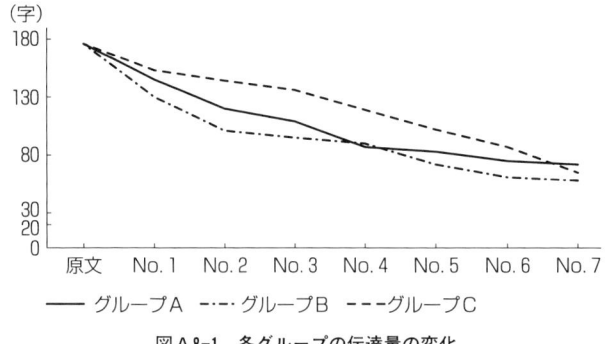

図A8-1　各グループの伝達量の変化

の変化をグラフであらわしてください（図A8-1に例示，ただしデータは架空）。
　②以下の点について具体的に指摘してください。
　脱落（どの部分が何番目で脱落したか），歪み（どこでどのように語句が変化したか），付加（どこでどんな内容が新しく付け加わったか）。

考　　察

　①伝達される長さは，どのように変化していきましたか。各グループに共通の傾向はあるでしょうか。グループによって伝達量に差があるでしょうか。あるとすれば，なぜそんな違いが生じたのでしょうか。
　②脱落したり，歪んだり付加されやすいのはどういった内容でしょうか。逆に，きちんと保持されるのはどんな部分でしょうか。
　③どうして実験結果のような歪みや付加が生じたのでしょうか。とくに参加者が事前にもっていた知識は，伝達される内容にどのように影響したでしょうか。一般的な常識の他，似たような話を聞いたことがあれば，それが影響したかもしれません。各参加者に問い合わせて考察してください。
　④この実験は噂が人から人へと伝わって行く状況をきわめて単純化したものです。現実場面の噂の場合は，伝達に影響を与える要因として，他にどんなことが考えられるでしょうか。

実験刺激の例（著者自作，架空のストーリーです）

　　ピーター・ロビンフッド氏は朝5時35分に目を覚まし，ベッドで夕べから読

みかけのデイリー・ポストを読んだ。そこには，ロンドンとアバディーンの4人の学者が長寿のための食品を開発した，という内容が掲載されていた。そのあと，6時10分頃ベッドを出て，カーテンを開けて庭を眺めた。隣のアーサー・ブロック氏は早起きで，さっさと庭の草取りを済ませたようだった。

実験のバリエーション

口頭による伝達：少人数（10名程度まで）で実験する場合は口頭で伝達する方法も可能です。その場合は最初の参加者は原文を黙読し，（たとえば）30秒後に次の参加者に口頭で伝え，以下は前の人から聞いた内容を30秒ずつ間隔をおいて口頭で伝えていきます。内容を録音，後で転記します。順番がまだ来ない参加者は，内容がわからないよう室外に待機させるなどの工夫が必要です。

図形の伝達：図A8-2のようなあいまいな図形を用いても実験は可能です。

図A8-2　刺激図形

解　説

人から人へと情報が伝わって，次第に内容が歪んだものとなる典型的な場合として，噂（流言）の広まりをあげることができます。オルポートとポストマン（1947／1952）は，噂（R）は人々の関心が高い重要な問題で（i），しかも事実がどうであるかあいまいなときに（a）発生しやすいと論じています（$R \sim i \times a$）。

「○月×日に東京で地震があるかもしれない」というような噂が流れることがあります。地震は重要な問題ですし，しかも台風の上陸のようには時期や場所が的確に予想できず，あいまい性が高いから噂になりやすいと考えられます。

噂は伝達される途中で，もとの内容から変化しますが，オルポートとポストマンは次のことを指摘しています。普通は短く単純になりますが（平均化），一方で選択的に一部は強調されます（強調化）。話し手の知識・経験，価値観，そして時には偏見などに沿ったものに変化することがあります（同化）。何か新

しい内容が付加されることもあります（「話に尾ひれが付く」わけです）。

　このほかに噂を広めやすくする要因としては，社会の不安や情報の不足があるとされます。たとえば災害の際には通信網が断たれて情報不足になり，いろいろな深刻な噂が広まったことがあります。

　もちろん，噂にはアイドルのゴシップのように仲間内で楽しめるものもあります。また，「口さけ女」や「トイレの花子さん」のような都市伝説も，噂の1タイプと考えることができます。

　ところで噂はSNSを通じて広まることもよくあります。これには対面で伝わる噂とは異なった特徴があると思われます。たとえば，「人の噂も七十五日」などと言われていましたが，SNSではいったん広まってしまうと消えにくくなる恐れがあります。SNSに接する際は十分心に留めておく必要があるでしょう。

学習課題

　SNS（LINE，Facebook，Twitter等）でも噂が飛び交います。具体例を探してみましょう。また，口伝えの噂とは違ったどんな特徴や危険性があるか，考えてみましょう。

オルポート，G. &ポストマン，L.　南　博（訳）　1952　デマの心理学　岩波書店
木下冨雄　1977　流言　池内一（編）　講座社会心理学3　集合現象　東京大学出版会　pp. 11-86.
松田美佐　2014　うわさとは何か―ネットで変容する「最も古いメディア」―　中央公論新社

第2部　自分を知る

B1　身体の左右差について考える
―― あなたは左利きそれとも右利き？――

問　　題

　人間の身体は外見上ほぼ左右対称形をなしており，折り返すとほぼ重ね合わせることができます。このような対称性は，左右の大脳半球や肺，腎臓のように身体内部においても見られます。しかしながら，その機能を考えてみると，左右は必ずしも対称的ではなく，物を書くときに使う手や標的をねらうときに閉じる目のように，どちらかの側が他方よりも多く使われたり，より細かな動作ができるような現象が見受けられます。このような現象は，ラテラリティー（laterality）もしくはラテラル・ドミナンス（lateral dominance）とよばれ，身体機能の種々の側面について検討されてきました。
　このような現象の中で，もっともわかりやすいものが利き手です。私たちが物を操作する場合，左右の手をまったく同じように使うことはきわめて少なく，コンピュータのキーボードのように，当初から左右の指に割当がなされている場合を除くと，自然状態ではむしろ左右相称であることは皆無といってもよいのかもしれません。
　ここでは，あなたの利き手がどちらであるのかを知ることから，これら身体の左右差の意味について考えてみることにしましょう。

利き手テスト

　次の13の項目について，普段どちらの手をよく使うか思い出してください。そして，頻度の高いほうに○をつけてください。右も左も同じくらいの頻度で使ったり，とくに左右が決まっていないときは，両方に○をつけてください。

採点方法

　右，左，両手の○の数を合計欄に書いてください。右手の○1つ1点，両手は2点，左手は3点として，それぞれ○の数にかけ，それらを総計します。

B1 　身体の左右差について考える

		右	左	両手
1	絵を描くときに筆やペンを持つ			
2	字を書くときにペンを持つ			
3	栓抜きを使うとき			
4	まとに向かってボールを投げるとき			
5	かなづちを持つとき			
6	歯ブラシを持つとき			
7	ネジ回しを使うとき			
8	消しゴムを使うとき			
9	テニスラケットを持つとき			
10	はさみを使うとき			
11	マッチを使うときに軸を持つ方			
12	コーヒーカップの砂糖を混ぜるとき			
13	野球のバットをかつぐときの肩			
	合計数			

右		左		両手		総計	

　得点は13点から39点までの範囲に入っているはずです。この得点が13から17までの人は右利きといえます。18から32点の範囲にある人は両手利きの傾向があります。33点から39点の人は左利きです。

テストの解説

表B1-1　男女別に見た利き手得点の分布（%）（Chapman & Chapman, 1987, p.178）

得点	男子($n=3039$)	女子($n=2786$)	得点	男子($n=3039$)	女子($n=2786$)
13	65.84	57.07	27	0.53	0.61
14	5.03	7.32	28	0.13	0.32
15	6.19	9.19	29	0.33	0.54
16	3.72	3.55	30	0.23	0.25
17	3.16	3.52	31	0.69	0.47
18	1.71	2.91	32	0.53	0.32
19	1.71	2.15	33	0.69	0.50
20	0.76	1.26	34	0.30	0.54
21	0.99	1.26	35	1.35	1.11
22	0.53	0.54	36	0.46	0.18
23	0.66	0.47	37	1.61	1.90
24	0.20	0.39	38	0.30	0.29
25	0.53	0.54	39	1.51	2.40
26	0.33	0.39			

表B1-2　自己申告と利き手テストの一致率

自己申告	テスト結果(右)		テスト結果(左)	
	男子	女子	男子	女子
強い右利き	96.9	98.8	0.1	0
やや右利き	77.6	77.0	0.2	0
やや左利き	2.9	1.3	30.7	29.7
強い左利き	0	0	82.8	81.7

この利き手テストは，チャップマンら（Chapman & Chapman, 1987）が考案したものです。彼らは6,000人近くを対象としてこのテストの信頼性と妥当性を検討しました。男女別の得点分布が表に示されています。この結果を見ると，右利きは82.4%，両手利きは11%，左利きは6.6%となり，ほとんどの人が右利き傾向を示していることがわかります。

このテストの6週間をあけた再検査信頼性は，男子で0.97，女子で0.96ときわめて高いものでした。表B1-1からもわかるように，男女では少し傾向が異なっており，男子の方がやや左利き気味のようです（男子平均16.25，女子平均15.83，$t=2.55$, $p<.01$）。

自分がどちら利きであるかは自分が一番知っているはずですが，実はそうではないらしいことも彼らの研究は明らかにしています。表B1-2に示されているのは自己申告とテストの一致率ですが，本人が左利きと思っているにもかかわらず右利き傾向を示している被験者もいるのです。

利き手についての解説

あなたの利き手はどちらでしたか。このような手の使い方に関してのアンバランス（およそ88％から94％が右利き）はどこからきたのでしょうか。可能性として2つのことが考えられます。1つは文化的な要因です。人類は本来両手利きだったのですが，心臓をまもる左手と攻撃をする右手との関係から，右利きの文化ができ上がり，右利きが定着したとする考え方です。

私たちの周りを見回しても，右利き用の用具が目につきます。最近でこそ左利き用の用具が多くなりましたが，それでも生活をするうえでは右利きの人が便利であることは間違いありません。このように，環境が右利きを作り出しているとする考え方にそれなりの根拠がありそうです。しかし，もう一度考えてほしいのですが，右利きと左利きの比率が50対50やそれに類する割合ではなく，洋の東西を問わず，右利きが90対10で優勢となっているのです。もし文化が作り出すとすると，この比率は国によって異なってもよいはずです。今日では，利き手が脳の働き，とくに言語を操る左大脳半球と強く関係しているとする考え方が優勢です。これら利き手と大脳半球の関係については，八田（1996）に詳述されています。また発達的に見ても，利き手が確定してくる時期が，言語の出現と関係していることからもこのことはかなり確かなようです。皆さんも，小さな子どもの手の使い方を観察してみると何か発見できるかもしれません。

学習課題

利き足を決めるための項目を，ここでの質問紙にならって考えてみてください。また，利き手と利き足にはどのような関係があるのかについて調べてみてください。

Chapman, L. J., & Chapman, J. P. 1987 The measurement of handedness. *Brain & Cognition*, **6**, 175-183.
八田武志　1996　左ききの神経心理学　医歯薬出版
河合優年　1988　発達的観点からみた大脳半球機能差研究　児童心理学の進歩　金子書房

B 2　ミューラーリヤーの錯視

問　題

　私たちは目や耳などの感覚器官を通じて外界の情報を得ていますが，そのようにして知覚される世界（心理的世界）は外界（物理的世界）の刺激対象の諸特性を忠実に模写再現しているわけではありません。この両者の間には，程度の差こそあれ何らかの不一致（ずれ，歪み）が生じているのが普通であり，その不一致がとくに顕著にあらわれるような現象を一般に錯覚（視覚では錯視）とよんでいます。

　錯視の中で，特定の幾何学的な刺激布置が原因となっているものを幾何学的錯視といいます。幾何学的錯視は，その錯視の程度（錯視量）が刺激図形の幾何学的性質によって規則的に変化することが大きな特徴であり，その点で，いわゆる知覚判断の誤差や"見誤り"とは明確に区別されます。ここではミューラーリヤーの錯視を例にとって，刺激条件と錯視量の関係について調べてみましょう。

やりかた

　厚めの白紙を6枚用意し，図B2-1に示すような実験器具を作成します。このうち，1本の直線だけが描かれたものを比較刺激，直線（主線）の両端に斜線（矢羽）が描かれたものを標準刺激とよびます。標準刺激は，主線と矢羽のなす角度（挟角）が，30°，60°，90°，120°，150°のもの計5種類を作成し，それぞれの線の長さは，標準刺激の主線10cm，矢羽3cm，比較刺激の直線は20cmとします。線は，ある程度太さのある黒色ペンを用い，にじまないよう描きます。

　次に，標準刺激の上下（図中点線で示す）を外側に折り返し，その間に比較刺激を差し込みスライド式の実験器具を完成させます。この際，2枚の刺激用紙ががたつかず，スムーズにスライドするよう工夫します。

課　題

　錯視を調べる実験には何種類かの方法がありますが，ここでは，観察者が自分で器具を操作し，標準刺激の主線と等しい長さに見えるように比較刺激の直

標準刺激　　　　　　　比較刺激

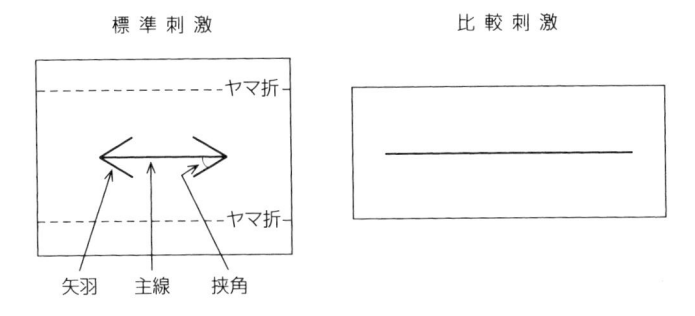

図B2-1　実験器具の説明

線の長さを調整する方法（被験者調整法）を用います。この「主観的に等しい量に知覚される値」を主観的等価点（point of subjective equality; PSE）といいます。

それぞれの標準刺激について繰り返し4回の観察を行い，そのつどPSEを求めます。その際，観察条件を以下のように変化させます。

　　①上昇系列／標準刺激左側　　②下降系列／標準刺激左側
　　③下降系列／標準刺激右側　　④上昇系列／標準刺激右側

ここで，上昇系列とは比較刺激が明らかに短く見える点から調整を開始する観察条件，下降系列とは明らかに長く見える点から調整を開始する観察条件をいいます。また，各条件の後半部分は標準刺激と比較刺激の位置関係を示しています。なお，5種類の標準刺激の実施順序についてはランダムとします。

観察者は，適度な照明環境のもと，楽な姿勢で実験器具を手に取り，通常の読書距離で標準刺激を観察し比較刺激の調整を行います。その際，"正解"（10 cm）を求めようといった構えをとるのではなく，見えるがままの長さをできるだけ直観的に判断すること，また，標準刺激の主線部分のみに注目するのではなく，図形全体として観察することを心がけます。

調整が終了したら，器具をそのままの状態で動かさないよう注意しつつ，ものさしを当ててPSEを測定します。この作業は観察者自身が行うことは望ましくありませんが，やむなくそうする場合には，観察試行ごとのPSEの測定値をできるだけ意識しないようにします。

以上の手続きで，標準刺激5種類×観察条件4回の合計20回の観察および測

図B2-2 挟角と錯視量の関係

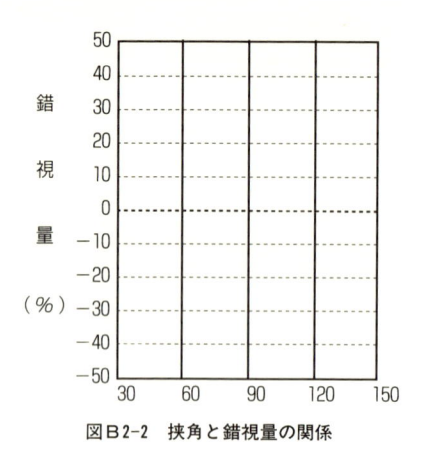

定を行い，求められた測定値は条件別に整理して記録しておきます。

結果の整理

① 5種類の標準刺激（挟角条件）ごとにPSEの平均値を求めます。

② それぞれのPSE平均値から標準刺激の主線の長さ（10cm）を引き，錯視量（cm）を算出します。さらに，その値を主線の長さに対する比率（％）に換算し錯視量（％）を求めます。たとえば，PSE平均値が11.5cmであれば錯視量（％）は15％，平均値が9.2cmであれば錯視量（％）は－8％となります。

③ 図B2-2のようなグラフに挟角条件ごとの錯視量（％）をプロットして折れ線グラフを完成させます。これより，矢羽の挟角と錯視量とがどのような関係をもっているかを考察しましょう。

解　説

一般に，ミューラーリヤー錯視における錯視量は矢羽の挟角の大きさに対応して連続的に変化し，挟角が90°以下（内向図形といいます）ではマイナス（過小視）に，90°以上（外向図形といいます）ではプラス（過大視）になることが知られています。過小視量，過大視量とも挟角が90°から離れるほど増大し，それぞれ30°，150°付近で最大値をとるとされています。また，絶対的な錯視量の比較では外向図形における過大視量のほうが内向図形の過小視量よりもはるかに大きいこと（今井，1984），挟角が90°（H型図形）の場合はわずかな過小視が生じる場合が多いこと（田中，1994）などが報告されています。

ミューラーリヤー錯視は，1889年にドイツの医師F.C.ミューラーリヤーによって紹介されましたが，現在でも，数多くの幾何学的錯視の中でもっとも代表的な図形の1つです。その理由は，他の錯視と比較して錯視量がきわめて大きいことであり，最適条件下では過小視図形と過大視図形との相対的錯視量が

30％程度にまで達するといわれています（今井，1984；椎名，1995）。

はじめに述べたとおり，幾何学的錯視において顕著に観察される物理量と心理量の不一致は，日常的な視覚場面でも同様に生じています。つまり，錯視とは日常的な視覚特性の"典型事例"として位置づけられるものであり，その意味で，錯視の研究は，一般的な視覚特性，とりわけ2次元画像における視覚体制化の問題を解明するうえで重要な手がかりを与えてくれるのです。

学習課題

①挟角をさらに広い範囲で小刻みに（たとえば15°から165°まで15°刻みに11種類）変化させて，それにともなう錯視量の変化を調べましょう。

②挟角以外の図形条件（たとえば矢羽の長さ，線の太さ，線の色など）が錯視量に影響を及ぼすかどうかを検討しましょう。

③本課題で説明した手続きでさらに実験を繰り返し，調整系列（上昇／下降）や図形の位置関係（標準刺激が左側／右側）で分けた平均錯視量を比較してみましょう。これらの観察条件は錯視量に影響を及ぼすでしょうか。

④本課題を参考にして，ミューラーリヤー錯視以外の幾何学的錯視（図B2-3に一部例示）について調べてみましょう。さらにそれらの錯視量を調べるための実験を計画してみましょう。

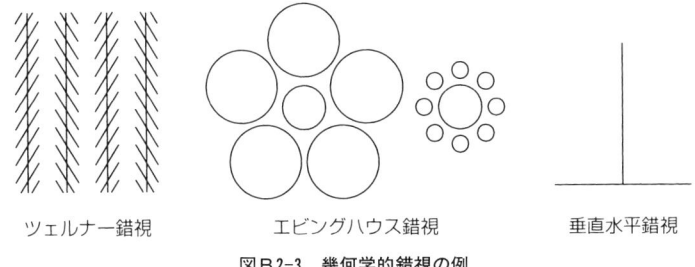

図B2-3　幾何学的錯視の例
（ツェルナー錯視　エビングハウス錯視　垂直水平錯視）

今井省吾　1984　錯視図形　見え方の心理学　サイエンス社
椎名 健　1995　錯覚の心理学　講談社
田中平八　1994　幾何学的錯視と残効　大山 正・今井省吾・和気典二（編）　新編　感覚・知覚心理学ハンドブック　誠信書房　pp. 681-736.

B3　私は誰？

問　題

　人は，青年期になると，「私は，どのようにして生きていくのか」「私は，どんな人間として，これからの一生を生きていくのか」と考えることがあります。この答えに当たるもの，すなわち，「私とは誰か」という内容をその人のアイデンティティといいます。このアイデンティティという言葉は，もともと，1950年代に小児精神医学者であるエリクソンが，人間の一生の自我の発達を理論化したときに，青年が大人としての「自分らしさ」をつかみとるという過程を説明するために使った言葉です。エリクソンは，一生の自我発達を理論化した彼の漸成発達理論の中で，青年期にアイデンティティを統合することが，一生の中でもっとも重要な発達の主題であると述べています。

　アイデンティティとは，私らしさ，自分を証明するもの（存在証明），主体性，日本的な言い方では，自覚，自信，自尊心，責任感，使命感，生きがい感といった内容を意味しています。アイデンティティには，今考えている自分，意志する自分という主観的で，主体的な自分と，「～としての」自分という役割や立場としての社会的な自分という2つの側面があります。この2つが一致しているという感覚，つまり，「（主体的な）私が（主体的であるとともに社会的な）私である実感」をアイデンティティの感覚といいます。

　大づかみに自分のアイデンティティを考えるうえで，手軽でしかも有効な方法に20答法があります。では，そのやりかたを以下に説明しましょう。

やりかた

　20答法の標準的な回答用紙を表B3-1に示しました。やりかたはごく簡単で，「私は誰か」（Who am I?）という質問に20通りの答えを書きます。20通り回答するので20答法，また，Who am I? test ともよばれます。質問を「あなたは誰ですか」（Who are you?）に変えることもあります。時間制限はありませんが，あまり考え込まず思いついたままに回答していきます。

表 B3-1　20答法回答用紙（Kuhn & McPartland の原法，1954による）

　下の1から20までの，それぞれの横線の上に，次の質問を読んで頭にうかんできたことを，20通りのちがった文章にまとめて下さい。

「私は誰だろうか」

　この質問は，あなたが自身に問いかけるもので，他の人からの，あるいは他の人への問ではありません。そのつもりで頭にうかんできた順に，りくつや大切さをぬきにして，1から20までをうめて下さい。時間が限られているので，なるべく手ばやくかたづけて下さい。

「私は誰だろうか」

1. 私は＿＿＿＿＿＿＿＿＿＿＿＿＿＿＿＿＿＿＿＿＿＿＿＿＿＿＿＿＿＿＿
2. ＿＿＿＿＿＿＿＿＿＿＿＿＿＿＿＿＿＿＿＿＿＿＿＿＿＿＿＿＿＿＿
3. ＿＿＿＿＿＿＿＿＿＿＿＿＿＿＿＿＿＿＿＿＿＿＿＿＿＿＿＿＿＿＿
4. ＿＿＿＿＿＿＿＿＿＿＿＿＿＿＿＿＿＿＿＿＿＿＿＿＿＿＿＿＿＿＿
5. ＿＿＿＿＿＿＿＿＿＿＿＿＿＿＿＿＿＿＿＿＿＿＿＿＿＿＿＿＿＿＿
6. ＿＿＿＿＿＿＿＿＿＿＿＿＿＿＿＿＿＿＿＿＿＿＿＿＿＿＿＿＿＿＿
7. ＿＿＿＿＿＿＿＿＿＿＿＿＿＿＿＿＿＿＿＿＿＿＿＿＿＿＿＿＿＿＿
8. ＿＿＿＿＿＿＿＿＿＿＿＿＿＿＿＿＿＿＿＿＿＿＿＿＿＿＿＿＿＿＿
9. ＿＿＿＿＿＿＿＿＿＿＿＿＿＿＿＿＿＿＿＿＿＿＿＿＿＿＿＿＿＿＿
10. ＿＿＿＿＿＿＿＿＿＿＿＿＿＿＿＿＿＿＿＿＿＿＿＿＿＿＿＿＿＿＿
11. ＿＿＿＿＿＿＿＿＿＿＿＿＿＿＿＿＿＿＿＿＿＿＿＿＿＿＿＿＿＿＿
12. ＿＿＿＿＿＿＿＿＿＿＿＿＿＿＿＿＿＿＿＿＿＿＿＿＿＿＿＿＿＿＿
13. ＿＿＿＿＿＿＿＿＿＿＿＿＿＿＿＿＿＿＿＿＿＿＿＿＿＿＿＿＿＿＿
14. ＿＿＿＿＿＿＿＿＿＿＿＿＿＿＿＿＿＿＿＿＿＿＿＿＿＿＿＿＿＿＿
15. ＿＿＿＿＿＿＿＿＿＿＿＿＿＿＿＿＿＿＿＿＿＿＿＿＿＿＿＿＿＿＿
16. ＿＿＿＿＿＿＿＿＿＿＿＿＿＿＿＿＿＿＿＿＿＿＿＿＿＿＿＿＿＿＿
17. ＿＿＿＿＿＿＿＿＿＿＿＿＿＿＿＿＿＿＿＿＿＿＿＿＿＿＿＿＿＿＿
18. ＿＿＿＿＿＿＿＿＿＿＿＿＿＿＿＿＿＿＿＿＿＿＿＿＿＿＿＿＿＿＿
19. ＿＿＿＿＿＿＿＿＿＿＿＿＿＿＿＿＿＿＿＿＿＿＿＿＿＿＿＿＿＿＿
20. ＿＿＿＿＿＿＿＿＿＿＿＿＿＿＿＿＿＿＿＿＿＿＿＿＿＿＿＿＿＿＿

結果の整理

　基本的な結果の整理の方法として，ローカス・スコアを求める方法があります。この方法では，まず，各回答を「私は学生です」「野球部に所属しています」など，客観的事実を述べたもの（これを合意反応とよびます）と，「私は臆病です」「私は猫のようです」など，主観的判断によるもの（これを非合意反応とよびます）に分けます。次に，反応が合意反応から非合意反応へと変わる回答番号をローカス・スコアとよびます。なお，氏名やニックネームなどは特異反応として，合意，非合意反応とは区別します。

　別の結果の整理の方法として，合意反応のうち，年齢，性別，職業，血縁または家族，所属グループのうちどの特定反応がいちばん早くあらわれるかに注目して整理する方法もあります。

　最後に，自分の回答一つひとつについて，それが意味する内容を自省してみることが重要です。

結果の解説

　まず，ローカス・スコアの値は，回答者がどれだけ客観的，社会的枠組みから自己定義しているかを示しています。この値が，高いほど自己定義が客観的であることを示し，社会の中での自分の役割や立場を多く意識していることになります。星野ら（1989）の研究では，日本人の児童生徒の平均は3.11〜5.18でアメリカ人の平均10.0前後に比較して低く，主観的，内省的であることがわかっています。

　次に，どの特定反応が早くあらわれるかをみましょう。たとえば，「私は野球部に所属している」という反応が，合意反応の中で何番目にあらわれるかをみると，彼がどのくらい野球部員であることを強く意識しているかがわかります。

　他にも，「自他ともに認める法学部の学生として法律を学ぶ私」「教師という職業を一生の仕事として自ら選び，世間からもそう認められている私」「この人の妻として，幸せな家庭を築こうと決心し，努力している私」「人がなんと言おうと，ミュージシャンとして身を立てると決心した私」などがあげらます。こうしたアイデンティティには，意志，決心，責任，誇りなどの気持ちが少しずつ入り込んでいるはずです。

最後に，男性（女性）であること，自己の身体についての意識，氏名，社会的役割などの一つひとつの回答の意味について考えてみましょう。それぞれの回答には，それぞれ自分にとっての意味があります。たとえば，氏名には，この家族の一員であること，この人の血を継いだ子どもであること，場合によっては，跡取りであることなどの意味が含まれているはずです。

 そして，それぞれの自己定義が自分の行動，考え方，生き方さえにも影響をもっています。たとえば，「私は芸術を目指しているのだから，お金のための仕事はできない」のように。この自己定義のトータルが，その人のアイデンティティになるわけです。また，たとえば「芸術家としての」1つの自己定義がその人の人生を強く動かすとしたら，「彼は芸術家アイデンティティに生きた」ともいえるでしょう。

 自分のアイデンティティが見出せないと，「何をしても空しい」「本当に自分のしたいことが見つからない」などのアイデンティティの拡散といわれる状態になります。大野（1984）の研究では，青年の「毎日毎日，変化のない単調な日々でつまらない」などの退屈・空虚感も，生活がつまらないのではなく，実はその青年のアイデンティティの空虚さが反映されていることがわかっています。このように，青年期にアイデンティティを選びとることは，一生の中で一番重要な課題であるということができます。

 20答法を手がかりに自分のアイデンティティについて考えてみてください。

学習課題

 自分がどのようなアイデンティティをもち，そのそれぞれにどの程度充実感を感じているか自己分析してみましょう。

星野　命　1989　20答法　性格心理学新講座6　ケース研究　金子書房　pp. 206-217.
Kuhn, M. H., & McPartland, T. S.　1954　An empirical investigation of self attitudes, *American Sociological Review*, **19**, 68-76.
大野　久　1984　現代青年の充実感に関する一研究：現代青年の心情モデルについての検討　教育心理学研究, **32**, 100-109.

B 4　言語の理解（漢字と仮名の処理）

問　題

　今，この本を読んでいるあなた。そして，この本を書いた私。あなたと私がこの本を介してコミュニケーション（もちろんここでは一方通行ですが）ができるのは，"言語"の働きがあればこそです。私たちの普段の生活は，言語なしには成り立ちません。

　この章では，言語の情報処理について少し考えてみたいと思います。日本語の非常に大きな特徴の1つは，複数の表記形態が混在して使用されていることです。日本語の中には漢字，平仮名，カタカナの3種類の表記形態が存在しています。そして"鮪"と書いても"まぐろ"と書いても"マグロ"と書いても間違いではありません。つまり同じ単語を少なくとも3通りの方法で書くことができるわけです。これらが1つの文章中に混在している状況は，実はかなり特殊なものなのです。漢字使用，という特徴だけなら中国でも見られることですが，漢字と仮名との両方を使うという特徴は，日本ならではのものなのです。

やりかた

　まずは少し作業をしてみてもらいましょう。詳しい説明は後に回して，これから説明する作業に取り組んでみてください。右のページには，四角い枠が2つ描いてあります。それぞれの枠の中には，漢字で書かれた言葉，あるいは，仮名で書かれた言葉が並んでいます（今はあまりしっかり見ないでください）。上の枠を漢字枠，下の枠を仮名枠と仮に名付けましょう。今からあなたにやっていただきたいのは，漢字枠，仮名枠の中に書かれている言葉を次々にチェックしていって，その中で"生きているもの"だと思われるものに○をつけていってもらうことです。たとえば"カブトムシ"なんてのがあれば，これは生き物ですから○をつけて（○で囲んで）ください。あるいは，"文部科学大臣"なんてのも，人間の役職ですから，生きているものとみなして○をつけてください。何度も確認しないと気が済まない人もいるかもしれませんが，今回の課題では，一度だけ，できるだけ速く（もちろんある程度の正確さは必要ですが…），ざぁ～っとチェックするようにしてみてください。

やっていただくことはそれだけです。ただ，漢字枠と仮名枠，それぞれの枠の中を全部チェックするのに，それぞれで（つまり漢字枠は漢字枠だけで，仮名枠は仮名枠だけで）どれだけ時間がかかるのかを秒単位で計って記録しておいてください。さぁ，それではよ～い，スタートです！

赤色	黒鯛	来年	主婦	空気	生活	正月	終了
町長	洋式	外国	長官	現在	恐竜	全国	赤色
正月	会社	水牛	方法	昆虫	音楽	試験	趣味
希望	学校	人生	白魚	本気	白熊	太陽	切手
必要	商品	牛乳	卒業	学生	言葉	少年	昆虫
政治	切手	砂糖	送迎	試験	錦鯉	社会	乳牛
海亀	注意	紅茶	趣味	結婚	社会	砂糖	現在
右手	大蛇	合格	液体	山猫	名犬	社長	生活
写真	電流	毎日	国民	優勝	夕食	海亀	結婚
全国	社長	別居	父母	横綱	文明	恐竜	学生
乳牛	白鳥	終了	太陽	木魚	少年	商品	人生

うえ	しそ	ごま	なつ	よる	さめ	いぬ	かび
くり	うみ	かび	とり	あね	やま	くぎ	くわ
ふね	いか	おじ	うし	ほほ	ばね	いか	むら
くろ	そふ	かも	やご	みみ	うす	うし	ざる
あお	ちじ	せみ	あな	そで	ふな	ふね	うえ
ねこ	こな	ふゆ	えり	いえ	かげ	こな	ねこ
かご	ゆき	ざる	くら	そぼ	あり	ほほ	えり
なみ	さる	こま	むら	みの	くぎ	そふ	しそ
ほん	たま	くわ	いぬ	たに	えび	あり	かご
かめ	たき	うめ	ちか	にし	りし	みの	ちじ
えい	はえ	あゆ	ちず	はば	ゆげ	なみ	よる

結果の整理

　漢字枠，仮名枠，それぞれどのくらいの時間がかかりましたか？　こういう作業が苦手で全体に時間がかかる人もそうでない人もいるでしょうが，ここで

表B4-1 所要時間集計表

	漢字枠	仮名枠
1人目	秒	秒
2人目	秒	秒
3人目	秒	秒
4人目	秒	秒
5人目	秒	秒
平均	秒	秒

注目してもらいたいのは，漢字枠と仮名枠との相対的な所要時間です。1人のデータだと，先ほどの得意不得意を含めた安定性の問題もありますから，5人程度メンバーを集めて，漢字枠，仮名枠の平均時間を計算してみましょう（表B4-1）。漢字枠と仮名枠，どちらの所要時間が短くなるでしょうか？

解説

これまでの研究によれば，一般的に漢字枠の所要時間が仮名枠よりも短くなります（これはあくまでも一般的な結果で，そうならなかったあなたも"異常"ではありません。念のため）。ではなぜこうした違いが生じるのでしょうか。

漢字と仮名とは文字そのものの種類が決定的に違います。仮名は基本的に音をあらわす文字（表音文字）です。これはアルファベット系の文字と同じです。それに対して漢字は意味をあらわす文字（表意文字あるいは表語文字）です。したがって日本語はアルファベット系言語と比べ，以下の2つの点において特徴的であるということになります。第一に表意文字をもっていること，第二にその表意文字を表音文字と混在させて使用していることです。複数の表記形態をもつ言語は世界中を探せばいくつか見つかっています。このように表音文字と表意文字，別の言い方でいうと，質の違う2つの表記を混在させて使っていることから日本語の研究は注目されています。

この問題の背景には，言語の処理に関する普遍的な疑問があります。視覚的に呈示された（つまり"目で見て"，ということです）単語を認知するとき，3つの処理がなされます。形の処理（形態的処理），音の処理（音韻的処理），意味の処理（意味的処理）の3つです。これら3つの処理の進行に関して，音韻的処理と意味的処理との関係が論点となり，「まず形態的処理，続いて音韻的処理がなされ，その後で意味的処理がなされる」と考えるのか（系列的処理），あるいは「音韻的処理と意味的処理は同時進行的になされていく，つまり意味をとるときに必ずしも音韻化しなくてよい」と考えるのか（並列的処理）が議論されています。これまでのさまざまな実験の結果，意味的な処理に関しては，漢字のほうが仮名よりも速くなされることが示され，漢字においては並列的な

処理が，仮名においては系列的な処理がなされる，と考えられてきました。

しかし，本当にその差は，"漢字か仮名か"の差なのでしょうか。たとえば先ほどの課題で処理した，"人生"と"よる"との差は，本当に漢字か仮名かの差だけなのでしょうか。それ以外には違いはないのでしょうか？

表記の親近性という概念があります。ある単語を書くときに，どういう表記で書かれることが多いか，といった考え方です。これは漢字や仮名を混在させて使う日本語ならではの特徴です。たとえば"空気"という単語は，漢字で"空気"と書かれることのほうが，仮名で"くうき"や"クウキ"と書かれることよりも一般的でしょう。つまり"空気"という単語については，"空気"という表記の親近性は高く，"くうき"や"クウキ"の親近性は低いということになります。そして，意味的な処理の速さを決めるのは，漢字か仮名かといった表記形態自体ではなく表記の親近性だ，というのが最近の心理学者の考え方です。

課題で扱った単語の多くは，漢字で書かれることの多い単語でした。漢字枠の所要時間が短いのは，「それが漢字だから」ではなく「それが漢字で書かれることの多いものだったから」なのです。その証拠に，仮名で表記された単語であっても，普段から仮名で表記されることの多い"コーヒー"や"にんじん"などは，"珈琲"や"人参"よりも，すばやく意味がとれそうです。

「それって言語学じゃないの？」なんて言われることもよくありますが，言語の理解に関することも実は心理学のテーマです。人間というシステムが，自分を取り巻く"言語"という環境に，どのように適応していくのかを探ることが，言語の情報処理を考えていく大切な視点です。そして，複雑な表記形態をもつ日本語という言語にも私たちはうまく適応している，といえそうです。

学習課題

さまざまな単語の"表記の親近性"を，"客観的に"定義するには，どのような方法があるでしょうか。考えてみましょう。また心理学の文献では実際にどのように定義されているのか調べてみましょう。

御領　謙　1987　読むということ　東京大学出版会

B5 ヒューマン・エラー（1） 自分の失敗傾向を知ろう

失敗・エラー

何かの行為を意図し，計画どおりに実行でき，それが期待どおりの結果であったとき，その行為は「成功」した，といわれます。逆に，意図しなかった行為をしてしまったり，計画どおりに実行したが期待とは異なる結果が得られたりすることがあります。いずれも失敗（エラー）です。

友人と待ち合わせをし，約束した場所に約束した時刻どおりつけば「成功」であり，途中の路上ライブに見入ってしまって遅れたり，約束の場所のメモを書き違えていて遅れてしまったりするのがエラーとなります。

エラーは主に実行時の失敗を示すスリップ（言い間違え，聞き間違え，し間違え等，外側から観察できるエラー），いろいろと考える際の失敗を示すラプス（個人的なレベルであらわれる内的な記憶検索のエラーや思考の実行時のエラー）と，そもそもの計画段階での失敗を示すミステイク（対象の選択や達成のための手段の選択や解釈段階でのエラー）に分けられます（リーソン，1994）。

本章では，これら3種のエラー全体について，その起こしやすさの個人差という観点から，個人の失敗傾向の強さを測る質問紙を使ってみていきましょう。

失敗傾向の要因

一般に，ヒューマン・エラーを考えるとき，SHEL，4Mなどという言い方でその発生原因が特定されます。

SHELは，ソフトウエア（S），ハードウエア（H），環境（E：Environment），周りの人たち（L：Liveware）の頭文字で構成され，Eは物理的作業環境，Lは同僚や上司等人的な作業環境を示します。

4Mは，作業者本人や周りの人間（Man），道具・機械等（Machine），作業環境の各要素（Media），管理的要因（Management）の4つのMで，ここに目的・目標（Mission）を加えて5Mという場合もあります（小松原，2003）。

ヒューマン・エラーは，人間（SHELモデルのL，4MモデルのMan）が犯すものですが，他の要因と密接な関連性があり，「人間」側の要因はその1つに過ぎないことは明白です。しかしここでは，とくに人間の失敗傾向の大きさに

焦点をしぼって見ていくことにします。

やりかた

　山田（1999）の尺度を使って，各自の失敗傾向の大きさを測定してみましょう。以下の25の質問項目について，次の5段階でふだんの自分にどのくらいよく起こるか回答してください。

	非常によくある	かなりある	時々ある	あまりない	まったくない
1. 手に持っていたものをなにげなくそこに置き，後になってどこに置いたか思い出せなくなる。	4	3	2	1	0
2. 何か用事があってその部屋に行ったのに，何をするためだったのか思い出せない。	4	3	2	1	0
3. 何かを思い出そうとしていて，喉まで出かかっているのに，どうしても出てこない。	4	3	2	1	0
4. 何を買いにその店に来たかが，とっさに思い出せない。	4	3	2	1	0
5. 人の名前を思い出せない。	4	3	2	1	0
6. 物をなくしてしまう。	4	3	2	1	0
7. スーパーマーケットに行って，ほしい品物が目の前にあるのにしばらく見つけられない。	4	3	2	1	0
8. 何かを聞いていなければならない時にぼんやり他のことを空想してしまう。	4	3	2	1	0
9. 本や新聞を読みながらぼんやりしてしまい，内容を理解するためにもう一度読み直す。	4	3	2	1	0
10. 何か1つのことをしている時に，つい他のことがしたくなってしまう。	4	3	2	1	0
11. 早く決めるように急がされると，よく考えずに決めてしまい後で後悔する。	4	3	2	1	0
12. 早く決めるように急がされると，かえって迷って決められなくなってしまう。	4	3	2	1	0
13. 責任の重い仕事を任されると，緊張してふだんの力が出せない。	4	3	2	1	0
14. 細かいことにこだわりすぎて，物事の全体的な局面を見過ごしてしまう。	4	3	2	1	0
15. ささいなことが気になって，かんじんなことを考えるのに集中できない。	4	3	2	1	0
16. 決心するまでに，あれこれ迷ってしまう。	4	3	2	1	0
17. テストや面接の時にあがってしまい，落ち着いていたらもっとうまくできたのにと思う。	4	3	2	1	0
18. 状況が変わっているのに，自分の考えや態度を柔軟に変えられない。	4	3	2	1	0

19.	ある考えが頭に浮かぶと，それ以外の可能性について考えられなくなる。	4	3	2	1	0
20.	その日の予定が空いているかどうか，確かめないで約束してしまう。	4	3	2	1	0
21.	残りのお金のことはよく考えないで，買い物する。	4	3	2	1	0
22.	駅のホームに駆け上がり，行き先を確かめずにちょうど来た電車に飛び乗ってしまう。	4	3	2	1	0
23.	買い物に行ってどれを買おうか迷ってしまい，結局いいかげんに決めてしまう。	4	3	2	1	0
24.	もう少し待てば増えるとわかっていても，つい目先の利益を選んで損をする。	4	3	2	1	0
25.	コンピュータやワープロが突然動かなくなり，原因を確かめる前に慌てて電源を切る。	4	3	2	1	0

結果の整理

1．以下の3つの因子について，その総合点を集計しましょう。
　(1)アクションスリップ：1から10番までの項目の得点の合計
　(2)認知の狭小化：11番から19番までの項目の得点の合計
　(3)衝動的失敗：20番から25番までの項目の得点の合計
2．山田（1999）に基づいてそれぞれの得点を評価しましょう。

	山田（1999）の結果		評価		
	平均	標準偏差	L(低い)	M(中程度)	H(高い)
アクションスリップ	20.12	5.28	0—14	15—25	26—40
認知の狭小化	18.81	5.44	0—13	14—24	25—36
衝動的失敗	7.63	3.84	0—3	4—11	12—24

3．自分の失敗傾向の型を確認しましょう。

　アクションスリップ，認知の狭小化，衝動的失敗の順にL, M, Hの評価を並べます。LLLからHHHまで27の型が存在することになります。さて，あなたは，どの型でしたか？

解　　説

　アクションスリップは，もの忘れや不注意からくる失敗で，自己の内部・外界の，進行中の行動以外の対象に注意がとらわれやすく，そのために失敗行動が生じやすくなる傾向を示します。この傾向は，外部・内部からの刺激によっ

て混乱しやすい傾向，注意の焦点を狭くしすぎる傾向と関連があります。

　認知の狭小化は，不安とかせかされたりしたときといった高い負荷がかかった状態のとき，処理できる情報の範囲が狭くなり，状況内のある1点に注意が集中してしまって失敗を引き起こしやすくなる傾向です。アクションスリップと同様に外部・内部からの刺激によって混乱しやすい傾向があり，広く外部・内部への注意がいかなくなり，対人場面でのコントロールが効かなくなり，内外の情報の処理ができなくなる特徴をもちます。

　衝動的失敗は，状況への見通しが悪く，よく確かめないで行動する傾向です。衝動的で反社会的行動をとる傾向と強い相関があります。自己の行動のコントロールが弱いことが特徴となっています。

　失敗傾向の型については，LLLはいうまでもなく失敗傾向の比較的低いタイプであり，行為面での失敗が少なく，どんな場面でも比較的冷静に判断でき，衝動的な失敗が少ないと考えられます。逆にHHHの人は，さまざまな場面でエラーを起こしやすい傾向があり，いっそうの注意を払って行動することが必要といえます。

学 習 課 題

　自分の失敗傾向の型を確認し，これまで自分が犯してきた大きな失敗を1つ思い出し，その出来事を今回の調査結果から解釈しなおしてみましょう。

小松原明哲　2003　ヒューマンエラー　丸善株式会社
リーソン，J.　林　喜男（監訳）1994　ヒューマンエラー：認知科学的アプローチ　海文堂（Reason, J. 1990 *Human Error*. Cambridge University Press.）
山田尚子　1999　失敗傾向質問紙の作成及び信頼性・妥当性の検討　教育心理学研究，**47**(4), 501-510.

B6　ヒューマン・エラー（2）　アクション・スリップ

問　題

　私たちは日常さまざまな場面でミスや失敗を犯します。たとえば待ち合わせの時間を勘違いして1時間遅れてしまったりすることは皆さんも経験があるでしょう。あるいは，汚れた手を洗うために洗面所に行ったのに，なぜか気づいたときは歯を磨いて就寝のための準備をしてしまったという笑い話のようなエラーも知られています。このようにミスや失敗の数やそのパターンは限りがありません。このようなミス，失敗のことを心理学ではヒューマン・エラーとよびます。ヒューマン・エラーは日常の問題に限らず，交通事故や医療ミスの防止，飛行機や原発の事故の原因究明など，さまざまな領域で登場するトピックの1つです。では，このようなミスはどのようにして起こるのでしょう。

　待ち合わせの時間を勘違いしてしまうミスは，はじめから待ち合わせ時間を間違って記憶していたりすることによるエラーで，このようなエラーをミステイクと呼びます。後者の歯を磨いてしまったミスは，やろうとした動作は正しかったのに，途中から別の動作を取り違えて起こしてしまったミスで，アクション・スリップとよばれるエラーです。別の言い方をすれば，動作を実行する前の段階で，記憶や理解を間違えることによるエラーがミステイクであり，動作の実行の段階でうっかりと意図しないエラーを犯すことがアクション・スリップです。

　正しいことをしようとしたのに「うっかり」ミスをしてしまうアクション・スリップはどうして起こるのでしょう。ここでは，まず私たちがどのようにしてエラーを犯すのか実験をして，そのエラーの原因を考えてみることにしましょう。

やりかた

　紙と鉛筆，そしてストップウォッチ（時計でも可）を用意します。最初の課題は「ひらがなの『お』を1分間で30～40個，つまり2秒に1個程度書けるように書いてみてください」，次の課題は「ひらがなの『お』を1分間でできるだけ多く書くように書いてみてください」です。課題の順番はどちらから先に始

めてもよいです。

結果の整理

結果は，それぞれの条件で実際に書いたひらがなの数と，その中で「お」以外のひらがなを書いてしまった個数を数えます。また，「お」以外のひらがなを書いてしまったときには，どのひらがなを間違えてしまったか，その内訳を書きます。

	実際書いた数	間違えた数	間違いの内容とその数
30～40個条件			
できるだけ多く条件			

図B6-1

結果の解説

実際にやってみると，1分間に30～40個程度のひらがなを書くことはそれほど難しくはなく，書き間違いもそれほど多くないことがわかります。これに対して，できるだけたくさん書くように圧力をかけることによって慌てたり，あるいは一つひとつを意識して書く心の余裕が少なくなると，うっかり書く字を間違えたりするスリップが増えてきます。この現象を書字スリップといい，アクション・スリップの中でももっとも典型的な現象として知られています。また，スリップによって間違って書かれる文字として，「お」の筆順によく似ている文字や，似たような筆順の動作を含む文字（「あ」「を」など）が出現します。

表B6-1　実験の結果（仁平，1991）

速度条件	30～40個/分	できるだけ速く
スリップした人数	7人/29人中 (24.1%)	18人/33人中 (54.5%)
平均スリップ数	1.29個	2.26個

なぜこのような現象が起こるのでしょうか。バウアーらは私たちがレストランに入ったときの動作を4つの場面と24の行為とに分け，次のページのようにまとめました。彼らは，やり慣れた動作を実行するとき，これらの行為がほと

表B6-2　レストランでの動作（Bower et al., 1979）

名前：レストラン　　　　　　登場人物：客，ウェイター，コック，勘定係
経営道具：テーブル，メニュー，料理，勘定書，金，チップ
登場条件：客は空腹である，客は金を持っている
結果：客の所持金が減る，客は満腹になる，経営者は儲かる

場面1：入場
　客はレストランに入る
　客はテーブルを探す
　客はどこに座るかを決める
　客はテーブルに行く
　客は座る
場面2：注文
　客はメニューを取り上げる
　客はメニューを見る
　客は料理を決める
　客はウェイターに合図する
　ウェイターがテーブルに来る
　客は料理を注文する
　ウェイターはコックのところへ行く
　ウェイターはコックに注文を伝える
　コックは料理を作る

場面3：食事
　コックは料理をウェイターに渡す
　ウェイターは客に料理を運ぶ
　客は料理を食べる

場面4：退場
　ウェイターは勘定書を書く
　ウェイターは客のところへ行く
　ウェイターは客に勘定書を渡す
　客はウェイターにチップを渡す
　客は勘定係のところへ行く
　客は勘定係に金を払う
　客はレストランを出る

んど意識されない中で自動的に働いていくと考えました。これがスクリプトとかスキーマといわれる私たちの行動のプログラムです。スクリプト・スキーマは「レストランでの行為」のような行為全体（親スキーマ）と，入場や注文などその行為全体のそれぞれの部分を分担するより具体的な系列（子スキーマ）があり，それぞれは階層的に作られています。

　私たちはやり慣れた動作をするときに，まずその動作をしようと思い，その動作全体をまとめているようなスキーマ（親スキーマ）を起動します。スキーマはいったんプログラムとして起動されると，私たち個人の中でなかば自動的に意識されないまま進んでいきます。このとき，行為の中でそれぞれの子スキーマを実行しているときに，一つ一つの子スキーマ自体は他の親スキーマ，たとえばひらがなの「あ」や「を」を書くときに含まれる行為に共通する場合があります。子スキーマが他の親スキーマにも共通すると，子スキーマが引き金となって，他の親スキーマに全体の行為が乗っ取られてしまうのです。このような誤作動のことを乗っ取り型エラー（とりこ型エラー）といい，アクション

スリップの代表的な原因とされています。

アクション・スリップが発生しやすい条件は，①やり慣れた動作であること，②自分の動作をきちんと確認しない，あるいはできなくなるような状況にあること，③急いでいたり，慌てていたりと強い切迫感を感じるときや心の余裕を失いがちな場合であること，などが考えられます。また，自分だけで行動する場合には，上のような条件を完璧にコントロールすることは困難です。エラーの防止のためには，他の人と交互にチェックしたりして現在の状況を確認（モニタリング）することや，エラーが起こっても事故につながらないように，二重・三重の防御策をあらかじめ用意しておくように注意することが必要です。

学習課題

他のひらがなや漢字，たとえば「わ」や「大」ではどのような書字スリップがあらわれるでしょうか。また，書くべき文字と間違えた文字から，どのような特徴がスリップの原因となったか考えてみましょう。

身近に起こるスリップには，他にどのようなものがあるか，その例を考えてみましょう。

あなたはスリップを起こしやすかったですか，それとも起こしにくかったでしょうか。前の章では，エラーを起こしやすい個人の性格を測る方法の説明があります。どのような性格がスリップを起こしやすいか考えてみましょう。

Bower, G. H., Black, J. B., & Turner, T. 1979 Scripts in memory for text. *Cognitive Psychology*, **11**, 177-220.
芳賀　繁　2001　ミスをしない人間はいない―ヒューマン・エラーの研究―　飛鳥新社
仁平義明　1990　からだが意図と乖離するとき―スリップの心理学的理論―　佐伯　胖・佐々木正人（編）　アクティブ・マインド―人間は動きの中で考える―　東京大学出版会　pp. 55-86.
仁平義明　1991　急速反復書字によるスリップの発生メカニズム　東北大学文学部紀要, **56**, 1-19.

B7　論理的思考のエラー

問　題

「誤りは人の常」といわれます。人間の推理は論理的に正しく行われるとは限らないのです。日常の生活では,「純粋でない」論理が純粋な論理よりも役に立つことがよくあります。

たとえば,次のような情報が与えられたとします。
- 雨が降ったら遠足は中止である
- 遠足は中止された

この2つの前提から,あなたは次のように結論したことでしょう。
- 雨が降った

しかし,論理的には「逆は必ずしも真ならず」で,この結論は必ずしも正しいとはいえません。

プラトンやアリストテレスの時代以来,心理学者と同様に哲学者や論理学者も日常生活の中での推理を純粋な形式論理によって記述しようと試みてきました。つまり,論理学の法則が人間の思考にとって,もっとも基本的なものであると信じられてきたのです。しかし最近の認知心理学者は,「人々が問題を解いているときには,非論理的に行動するのではないが,形式論理学の法則によって行動するのでもない。人々は,論理学者がやるような内容の無視はせず,内容によく注意して,問題の構造に関する最善の推論を行うのである」と言っています。つまり人々はよき論理学者ではないが,実践的論理家としては,なかなかのものなのです。

心理学としては,人間が実際にどのように推理するのかが問題なのです。むしろ実際の推理が論理からどのようにずれるのか,またそのずれはどのような要因によって起こるのかが,人間の特性を示すものとして興味をもっているのです。

それでは,私たちは,いったいどれほど論理的にものを考えることができるのでしょうか。

やりかた

問題1と問題2をよく読み，裏返して確認しなければならないものの番号に○をつけてください。

問題1　一方の面にはアルファベットが，他方の面には数字が書いてあるカードが何枚かあります。この中から4枚のカードを選んで，下の図のように片面だけが見えるように並べました。

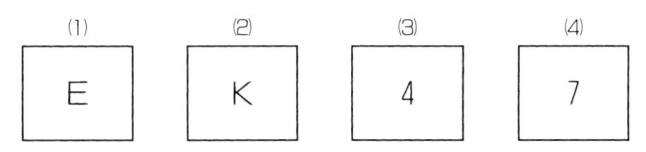

```
 (1)      (2)      (3)      (4)
[ E ]    [ K ]    [ 4 ]    [ 7 ]
```

図B7-1　4枚カード問題（Johnson-Laird & Wason, 1970）

さて，これらの4枚のカードについて，

　　「もしカードの片面に母音が書いてあるならば，そのカードのもう一方の
　　　面には偶数が書いてある」

という規則が成り立っているかどうかを確かめたいのですが，そのためにどうしてもめくってみなければならないカードはどれでしょうか。そのカードの番号に○をつけてください。めくるカードの枚数をなるべく減らしたいのですが，めくるべきカードは1枚とは限りません。全部めくらなければならないこともあります。

問題2　あなたはある国の郵便局の手紙仕分け員です。あなたの仕事は郵便料金をチェックするために手紙を調べることです。その国の郵便料金の規則では，

　　「もし手紙に封をしてあれば50セント切手が貼ってなければならない」

ことになっています。この規則が守られているかどうかチェックするためには，次の4枚の封筒のうちどれを裏返せばよいでしょうか。確実にチェックするた

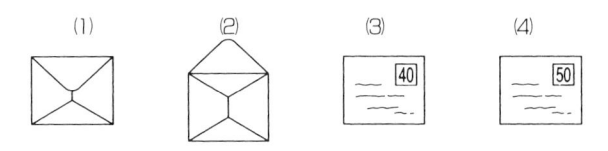

図B7-2　封筒問題（Johnson-Laird, Legrenzi, & Legrenzi, 1972）

めに裏返す必要のある封筒の番号に○をつけてください．

表B7-1 4枚カード問題に対する反応
(Wason & Shapiro, 1971)

選択したカード	選択した人数(割合)
Eと4	59人 (46%)
E	42人 (33%)
Eと4と7	9人 (7%)
Eと7	5人 (4%)
その他	13人 (10%)

結果の解説

問題1の解説 この問題は，「4枚カード問題」とか，「ウェイソンの選択課題（Wason's selection task）」とかよばれています．表B7-1には，ジョンソン-レアードら（1970）が大学生を被験者にして行った実験結果を示してあります．これから，どんなことがわかるのでしょうか．もしあなたが「Eと4」を選んだとすれば，ウェイソンらの被験者の46％と同じ考えをしたことになります．もし「Eのみ」を調べればよいと答えたとすれば，被験者の33％と同じ考えです．これらは誤答です．というのは「E」の裏に奇数がないかどうかを調べなくてはなりませんが，「4」の裏に母音があろうと子音があろうと規則の真偽には関係がないからです．

もしあなたが「Eと7のカード」を選択したとすれば，それは正しい答えです．彼らの実験結果では，たったの4％しかいません．なぜ「7のカード」を調べなければならないかというと，もし裏側に母音が書いてあれば，この規則は誤りとなるからです．つまり「K」の裏が何であろうと，また「4」の裏が何であろうと規則は正しいのですが，「E」の裏が偶数でなかったり，「7」の裏が母音であったりすると規則は正しくないことになるからです．このように考えることができるのは，大学生でも少数しかいません．大部分の人はなぜ正解が「Eと7のカード」でなければならないかを理解するのがとても難しいことがわかります．

ウェイソンは，人は仮説を反証する証拠を探そうとせず，むしろ仮説を支持する証拠だけを探す傾向があるといっています．そしてこの傾向のことを「確証バイアス」(confirmation bias) とよんでいます．

問題2の解説 ジョンソン-レアードら（1972）が，この問題をイギリスの大学生を対象に実験をしました．その結果，ほとんどの人（87.5％）が正答の「40セント切手を貼った封筒」と「封をした封筒」を選択しました．

この問題は先の「4枚カード問題」とまったく同じ論理構造をもっているのですが，問題の内容が身近であったり，またその問題状況を具体的に想定しやすいと，問題を解決することが容易になることがわかります。この現象のことを，心理学では「主題材料効果（thematic-material effect）」とよんでいます。すなわち，私たちはただ単に形式論理の規則を用いて推論を行っているのではないのです。

学 習 課 題
　各自で別の問題内容のカード問題を作って実験してみましょう。

Johnson-Laird, P. N., & Wason, P. C. 1970 A theoretical analysis of insight into a reasoning task. *Cognitive Psychology*, **1**, 134-148.

Johnson-Laird, P. N., Legrenzi, P., & Legrenzi, M. S. 1972 Reasoning and a sense of reality. *British Journal of Psychology*, **63**, 395-400.

B 8　思考の直観的判断の誤り

問　題

　この章では，私たちがふだんの生活の中で何気なく行っている判断や推理について考えてみます。たとえば，次のような2つのケースを考えてみてください。

【ケースA】
　テレビで野球の試合をみていると，解説者が「交代をした選手のところに球が飛んで行くものですよ。不思議ですねえ」というのをよく耳にすることがあります。本当にこのようなことがいえるのでしょうか。

【ケースB】
　あなたのクラスメートが，このごろ急に化粧をしっかりして学校にくるようになりました。こんなとき，あなたは，「あの人には，きっと恋人ができたにちがいない」と考えるでしょうか。

　あまり意識することはないでしょうが，私たちの日常の生活の中では，このような判断や推理を行う機会は非常に多くあると思います。人が行う推理や判断の中でも，「絶対にこうだ」といえるような場合は少ないでしょう。むしろ，「九分九厘確かだ」とか，「AかBかは五分五分だ」などの場合のほうが多くあると考えられます。このように「いくつかの可能性が考えられる場合に，そのうちのいずれの可能性が高いか」を考える場合での推理や判断は，確率判断とよばれています。
　ケースAは「交代した選手の所に打球が飛ぶ」確率が他の選手の所に飛ぶ確率よりも高いという判断です。また，同じ確率判断でも，ケースBは「化粧をしっかりするようになった理由または原因として，恋人ができたという確率が高い」という判断です。これは，「ある出来事があったときに，考えられるいくつかの可能性（仮説）のうち，どの確率が高いと思うか」という状況での確率判断といえます。
　ここでは，後者の場面での直観的な確率判断の特徴を考えてみます。

やりかた

まず,次の「タクシー問題」とよばれる下の【物語】を読んでみてください。その後で,2つの【質問】に答えてください。

あまり意識せず,ふだんと同じように,自分が考えたとおりに率直に答えてみてください。

【物語】

> ある街には,緑タクシーと青タクシーがあり,全タクシーのうち,85%は緑タクシーで,残りの15%は青タクシーです。ある夜,タクシーが引き逃げ事件をおこしました。目撃者があらわれて,「引き逃げを起こしたのは,青タクシーだった」と証言しました。裁判では,その目撃者の証言がどれだけ信頼できるかをみるために,事件が起きたのと同じような夜に,タクシーの色を区別するテストをしました。その結果,80%の場合は正しくタクシーを識別できることがわかりました(Tversky & Kahneman, 1982 を改変)。

【質問】

①さて,あなたは,証言どおりに青タクシーが引き逃げをしたと思いますか,それとも,そうは思いませんか,いずれかを○で囲んでください。

   そう思う   そう思わない

②つぎに,証言どおりに青タクシーが引き逃げをした確率は何パーセントくらいだと思いますか,数値で答えてみてください。

      [ ]%

結果の整理

まず,質問①で『そう思う』と回答した人の人数を調べ,そのパーセントを整理しておきます。青タクシーだと思った人は何パーセントくらいになったでしょうか。

  青タクシーが引き逃げを起こしたと思う人の割合 [ ]%

次に,質問②で記入した数値(確率)のうち,どんな値が多く回答されてい

	25%未満	25-49%	50-74%	75%以上
人　数				
％				

るかをまとめます。たとえば，次のような表（度数分布表）に整理します。

　上で作成した表のうちどの階級の人数が多くなっているでしょうか。さらに，人数が多かった階級について，実際にどんな数値が多く回答されているかも調べてみましょう。

解　説

　トゥベルスキーとカーネマンがこの「タクシー問題」を実施した結果（質問②に対応する）では，多くの人が「50％」より大きい値を回答しています。つまり，多くの人が緑タクシーより青タクシーの方が犯人である可能性が高いと考える傾向があるわけです。また，その大半の人は「80％」と回答しています。おそらく，目撃者の証言の確かさが80％であったことから，この数値が多くなったのでしょう。

　実は，このような問題は，条件確率についてのベイズの定理を使って数学的に解くことができ，その確率を求めると41％が正解（規範解とよびます）になります。つまり，青タクシーが引き逃げをした確率は50％よりも少なく，むしろ緑タクシーが犯人である確率（59％になります）のほうが大きいのです。ここでは解を求める１つの考え方を紹介します。

　この場合は，次のような４つのケースを考える必要があります。
　　①緑タクシーが犯人で，証言も緑タクシーの場合（確率　.85×.8＝.68）
　　②緑タクシーが犯人で，証言は青タクシーの場合（確率　.85×.2＝.17）
　　③青タクシーが犯人で，証言も青タクシーの場合（確率　.15×.8＝.12）
　　④青タクシーが犯人で，証言は緑タクシーの場合（確率　.15×.2＝.03）

そこで，「目撃者の証言は青タクシー」のケース（②と③の合計の確率）のうちで，実際にも青タクシーが犯人であるケース（③の確率）がどれくらいありえるかを考えればよいわけです。計算は，次のとおりになります。

$$\frac{③のケースの確率}{②のケースの確率＋③のケースの確率} = \frac{.12}{.29} ≒ .41$$

たぶん，納得できない人や，いぜんとして80%だと思っている人が多いことと思います。私たちが日常何気なく行っている直観的判断と，合理的に考えられた規範的な解（数学的解）とは，大きく異なっているわけです。

　トゥベルスキーとカーネマンは，このような確率事態での判断や推理のさまざまな特徴を調べています。その結果，人が何気なく行う判断や推理は，合理的な判断から逸脱することが多いことを報告しています。とくに，この例は，「基準比率の無視」とよばれています。これは，潜在的な確率（タクシーの台数の割合）を考慮しないで，判断してしまう傾向を指しています。宝くじを買うとき，多くの人が一等がよく出る売場で購入しようとしますが，その売場で売られた宝くじの総数が非常に多いことは，あまり考慮されないことも基準比率の無視に当てはまるといえるでしょう。

学習課題

　ある病気にかかる人の割合を15%，病気の検査の信頼性を80%として，検査結果が陽性（病気にかかっている）であった場合に，その人が病気にかかっている確率を直観的に答えると，いくらになると思いますか。この場合の規範解を求めて，回答と規範解の値が異なっているか，比較してみましょう。

答　_____ %

広田すみれ・増田真也・坂上貴之（編著）　2002　心理学が描くリスクの世界　慶應義塾大学出版会
印南一路　2002　すぐれた意思決定　中央公論新社
菊池　聡　1998　超常現象をなぜ信じるのか　講談社
岡本浩一　1992　リスク心理学入門　サイエンス社
Tversky, A., & Kahneman, D.　1982　Evidential impact of base rates. In D. Kahneman *et al.* (Eds.), *Judgment under Uncertainty*. N Y: Cambridge University Press.

学習課題の正解：約41%

第3部　対人関係

C1 話を聞く技法（傾聴）

問　題

　ここではカウンセリングで話を聞くことについて勉強します。

　その前にカウンセリングについて説明します。カウンセリングという言葉は，よく知られるようになりましたが，誤って理解されているようです。それは，カウンセリングとは，カウンセラーに相談をして，「カウンセラーが悩みや問題を解決してくれる」という誤解です。実際のカウンセリングでは，カウンセラーがこれをしてはいけないとか，これをしなさいとか指示することはありません。悩みや問題を解決するのはカウンセラーではなく，カウンセリングに来ている人，つまりクライエント自身であるからです。

　では，カウンセラーは，何をするのでしょうか。カウンセラーの仕事は，相談に来た人が自分の力で解決できるように援助することなのです。本来，人間が一人ひとりもっている「自分で治る力（問題を解決する力，自己治癒力，伸びていく可能性などといいます）」が最大限生かせるように援助することなのです。相談というと忠告するという意味合いが入るため，あえて，カウンセリングという言葉を使い，「クライエントが自分自身で答を見つけ出していくこと」を強調しているのです。

　では，なぜ，カウンセリングでは，忠告しないのでしょうか。カウンセリングの中で，忠告してうまくいったという場合もあるので，忠告をしてはいけないというものではありません。けれども，実際，教えたり，忠告してもそれを守る人は少ないし，そのようにしてもうまくいかない人が最後にやって来るのが，カウンセリングなのです。そして，カウンセラーの方も，はじめは，教えたり忠告したりいろいろやってみて，最後に残ったのが聞くということなのです。

　では，聞くというのはどういうことでしょうか。それをここで勉強したいと思います。

やりかた

次のような話を聞かされたとき，どのような応答をしたらよいでしょうか。

「頭が痛いのです」（課題1）

「学校に行けなくて困っています」（課題2）

まず，友だちからこんなふうに言われたら，どんなふうに答えますか。それをノートに書いてみてください。なぜ，そう答えるのかその理由も書いてみてください。できれば，思いつくものをいくつか書いてみましょう。

次に，自分がカウンセラーとして話を聞いているとしたら，どんなふうに答えますか。それをノートに書いてみてください。なぜ，そう答えるのかその理由を書いてみてください。できれば，思いつくものをいくつか書いてみましょう。

解　説

カウンセリングの目的は，クライエント自身が，自分で答えを見つけていけるように援助することです。そのために，クライエントが自分で考えを進めていけるように，話を聞くことが重要となります。クライエントの言ったことをどのようにカウンセラーが聞いたかは，カウンセラーの応答からわかります。

さて，課題1についてのいくつかの応答の例をあげて，聞き手がどのように聞いたかを見てみましょう。これを参考にして，自分の答えを検討してください。

①「あら，実は私はお腹が痛いのよ」

②「それはつらいよね」

③「どのように痛いの？」

④「いつから痛くなったのですか？」

⑤「痛み止めを飲んだらどう？」

ここにあげた例は，普段よくする友だちや家族との会話に出てくるものです。これらの応答に共通していることは，どれも聞き手の中で生じた気持ちや考えから出された応答です。

順に応答を見ていきましょう。①の場合，相手の話を聞いて，自分の「お腹が痛い」ことを話題に取り上げて応答しています。話し手の言葉は，聞き手の

自分の関心や興味を思いつくきっかけになっています。そうなると，この応答から聞き手が話し手になってしまう可能性があります。②の場合，聞き手は，自分の頭痛のつらい気持ちを思い出して，自分の感情でこのような応答をしています。③，④では，聞き手の中で生じてきた疑問をそのまま返しています。⑤では，お母さんが子どもに言いそうな応答ですが，聞き手の判断から，こうしなさいという指示，答えを与えています。

　普通の会話では，①の場合のように，聞き手と話し手が固定するのではなく，互いに話題を提供し，役割を交代しながら，会話が進んでいきます。②から⑤の場合，どれも，聞き手として話を聞こうとしています。その意味で，①のような普通の会話とは異なり，聞き手は相談に乗る形で話し手の話を聞いています。しかし，②の場合，話し手がつらいということを訴えたい場合なら，聞き手がこう応答することによって，自分の気持ちをわかってもらえたとなり，話し手の話が進むのですが，そうでない場合，話し手の話そうとする流れからはずれてしまうことになり，話し手の話したいことが話せなくなります。③，④の場合も同じです。質問をして，話し手の話をより詳しく理解しようとする聞き手の姿勢があらわれていますが，もし，話し手が頭の痛くなったきっかけの出来事を話そうとしているなら，自分の話をいったんやめて，聞き手の尋ねたことについて答えなければなりません。⑤の場合は，答えをもらってそのとおりする話し手ならよいですが，その後続けて話したい話し手の場合，これ以上話を続けることができなくなります。聞き手が答えを提示するということは，良い意味でも悪い意味でもそこで話が終わることを意味します。これらはどれも，カウンセリングが目的とする，話し手が自分で問題解決できるように，話し手の心の流れに沿って話しを聞くということが行われていません。それでは，どのように応答することが話し手の心の流れに沿うことになるのでしょうか。

　課題1のように話された場合，まだ，聞き手には，話し手がどの流れで話しを進めていくのかがわかりません。しかし，聞き手が上にあげたような応答をすると，話し手の話の流れをそこないかねません。かといって，だまっていれば，話し手は話す意欲を失ってしまいます。このような場合，どうぞ先を続けてくださいという意味で，次のように，話し手の言ったことをそのまま繰り返します。すなわち，「頭が痛いのですね」と話し手に返します。日常の会話で

は，あまり行わない応答ですが，このような応答をすることによって，話し手は安心して話を進めることができます。

　課題2の場合も，話し手の言葉を繰り返して，「学校に行けなくて困っているのですね」と聞いていきます。このとき，聞き手は，「いつからですか」「原因はなんですか」など聞いてみたくなるかもしれません。そのように聞きたくなるのは，聞き手が話し手の心の流れに沿っているのでなく，自分自身の心に従っているからです。「学校に行けないのだ」という話し手の心を尊重して聞いていくこと，それがカウンセリングなのです。つまり，話を聞くとは話し手の心をあるがままに受け入れることなのです。本当の意味で受け入れられたとき，人間は自分の力で自分の悩みの答えを見つけることができるのです。

学習課題

　実際に誰かとペアになり，聞く練習をやってみましょう。まず，最初は普通に話をしてみて，普通の会話の特徴を実感してください。次に，それぞれ話し手と聞き手の役になり，話し手は自分の好きなテーマで話したいことを話してみてください。聞き手は，話し手が自由に気持ちよく話せるように，話を聞いてください。そのとき，ここで勉強した応答の仕方を使ってみてください。時間は5分から8分の間，続けてみてください。時間が来たら，役割を交代して，同じ時間続けましょう。その後，話し手は気持ちよく話せたかどうか，また，聞き手はうまく応答できたか感想を出しあい，話しあいましょう。3人1組になる場合は，1人はオブザーバーになり，2人の会話の様子を観察しましょう。

　終了後，この実習についての自分の感想，話しあいの内容についてまとめましょう。

河合隼雄　1998　河合隼雄のカウンセリング入門—実技指導を通して—　創元社
西河正行　2000　相談的面接法の実習：傾聴訓練1（紙上応答構成）　保坂　亨・中澤　潤・大野木裕明（編）　心理学マニュアル　面接法　北大路書房　pp.20-29.

C2　表現する技法（面接試験を受けるとき）

問　題

　高校，専門学校，大学などに入るために推薦入試を受けたことがありますか。すでに就職活動をしていて，官庁訪問や，民間の会社の入社試験などに臨み，面接試験を受けた人もいるでしょう。あるいは本書の読者の中には，無事に入社し，社会人として活躍している人もいるでしょう。

　就職活動や面接入試のマニュアル本は数多く出ています。けれども試験は選抜です。合格するためには，他者よりも自己アピールをする技術も求められるでしょう。その是非は別としても，自分の普段の力が出し切れなかったり相手に誤解されてしまったら，非常に悔いが残ることになるでしょう。

　「コンピテンシー評価型面接」という面接のことを聞いたことはありますか。平成18年度（2006年度）から国家公務員試験（Ⅰ種）の2次試験で行われている面接のやり方のことです。この面接法では，自分がこれまでやってきたことが詳しく問われるのです。自己表現の技術が必要とされます。もちろん，面接を受けない人にも，日常で良好な対人関係を形成するのに役立つと思います。○○市役所とか○○会社とか，仮想的に志望する職場を決めて，その模擬面接をしてみましょう。

やりかた

　役割分担　　4名で1グループになります。1名は面接を受ける志願者，残り3名は面接官A，B，Cです。どの役をやるか決めてください。人数がそろわない場合は，面接官役2名と志願者役，あるいは面接官役1名と志願者役1名でもよいです。VTR録画しておき，後でチェックすると上達します。

　面接の前の準備　　まず，次ページの面接カードに記入しましょう。そして，この面接カードを使って，面接場面の演習を行います（コピーか，メモ書きを作って，全員に配布します）。

　面接場面　　志願者役は机をはさみ，面接官役と対面します（人数は適宜）。

　面接の始めと終わり　　面接官役は志願者役の面接カードを見て，面接の際の話のきっかけにします。面接カードにはありませんが，最初は，「こちらを志

望した動機を教えてください」の質問から入ります。後は，面接カードを手がかりに質問をします。質問内容の順は変えてもいいです。開始から終了までの時間の目安は約20分，長くても30分です。

このカードは質問の参考資料になります。事前にボールペンで記入して，提出して下さい（書かれた内容は面接の資料目的以外には使いませんが，念のため個人情報に十分に留意して，名前などはAさん，Bさんのように各自の差し支えない範囲で記入してください）。
氏名　　　　　　　　　　　　　　　受験番号（今回は回答不要）
最終学歴（今回は回答不要）　　　　職歴（今回は回答不要）
〈学校や職場で取り組んできたあなたの体験，活動〉 ①どんな分野でどんなことに力を入れて取り組んできましたか。理由も書いてください。   ②達成感があったことについて，いつ頃，どんな状況・場面で，何をしたときか，具体的に記入してください。
〈あなたの関心事項について〉 　最近，特に関心をもったことについて，あなたの考えを記入してください。
〈志望動機・自己PR・長所と短所〉　なぜ公務員（あるいはA社）を志望しているのか，自己PR，長所・短所について記入してください。

（注）　各種就職活動対策本，人事院ウェブサイトを参考にして，組み合わせて再構成。

図C2-1　面接カード

```
┌─────────────────────────────────────────┐
│  面接官役A      面接官役B      面接官役C  │
│  ─────────────────────────────────────  │
│                    机                   │
│                  志願者                 │
└─────────────────────────────────────────┘
```

図C2-2　面接場面の配置

面接官役の質問の指針　①一問一答式ではなく，なるべく質問内容が関連づけられ，流れがつながるように。②志願者がどんな人なのか，面接カードに書いてあることよりも「その先」の話を聞くぐらいのつもりで質問しましょう。③「学校や職場で取り組んできた体験・経験」については，それは何か，時期，はじめた理由，そのときの目標，目標達成の手段，あなたの工夫・努力はどんなことか，大変だったこと（失敗したこと）は何，その克服法と周囲からの評価，得られた成果・教訓などを詳しく質問してください。④最終的には以下の6つの評定項目にそれぞれ「優」「普通」「劣」の3段階で評定してください。

表C2-1　面接評定票（6つの評定項目）

項目	評定
積極性	優　普通　劣
経験からの学習力	優　普通　劣
社会性	優　普通　劣
自己コントロール	優　普通　劣
信頼感	優　普通　劣
コミュニケーション力	優　普通　劣

面接結果の整理

　面接が終わったら，面接官役は意見交換して，「志望先（A県庁，B市役所，C社など）への適格性の有無」「合否の総合判定」「総合判定の理由」を話し合い，1つにまとめてください。志願者も傍聴してください。

解　説

　国家Ⅰ種試験の人物試験でなされるコンピテンシー評価型面接ですが，人事院の報告書（「人物試験におけるコンピテンシーと『構造化』の導入」）では，

コンピテンシーとは，「行動に表れる能力，特性」，あるいは「結果や成果と結びつく能力，特性」と定義されています。近年，経営学や産業界では，「コア・コンピタンス（企業力，自社の強み）」「コンピテンシー（高業績達成能力）」といった語が使われることが多くなっています。コンピテンシー評価型面接は，その影響を受けていて，市役所職員の採用面接などにも広まりつつあります。

　この面接法の特徴は次の3つです。1つめは，従来の表面的な人柄，態度，あるいは型どおりの単なる志望動機などを見るに留まらず，むしろもっと採用後に実際に活躍できる人物かどうかを見きわめようとしていることです。それは難しいことですが，過去の行動に焦点を当てた質問展開にすることによって，そこから採用後の予測を見きわめようとするのです。2つめは，面接カードの質問項目を使って，標準的な面接の進め方にしようとしていることです。3つめは，質問内容と面接評定票に示すような評価基準とが対応できるようにしようとすることです。ですから過去の経験を達成感をもって成し遂げたかどうかが具体的に表現できることがあなたのコンピテンシーを見る手続きとして問われます。うまく表現できましたか。

学 習 課 題

　主任面接官役の人は面接の講評（この人はどんな人か，職務に適格性があり合格かどうか）を1つにまとめて記入してください。さらに，それを読んでの志願者役の人の感想も付け加えて記入し，連名で1つのレポートを提出してください（面接官が複数で演習した時には，評定結果の不一致があれば感想を話しあってみましょう）。

ハメル，G.・プラハラード，C.K.　一條和夫（訳）　1995　コア・コンピタンス経営　日本経済新聞社
人物試験技法研究会　2005　人物試験におけるコンピテンシーと構造化の導入　人物試験技法研究会報告書（平成17年8月）
勝俣暎史　2005　コンピテンス心理学　培風館

C3　社会的スキル

問　題

　私たちは日頃周りの人々とどのようなかかわり方をしているのでしょうか。友人がせっかく話しかけてくれたのにその話が長続きしない人がいたり，ある人は積極的に会話に加わり，話をどんどん進めていくことができる人もいます。また，相手に対してちょっと不快なことを感じると話しかけることができなくなる人や，逆にその不快感を表明したりしながら友だちとの関係をうまく修復し，さらにつきあいを深めることができる人もいます。一般に，対人関係を円滑にすることができる力を社会的スキルとよびます。

　しかし，円滑にするということは相手との会話がスムーズに行われたり，グループで仕事をしていて何の問題もなく仕事が達成できることでは必ずしもありません。私たちは経験的に対人関係の中で問題も感じずに他者とともにいるすべての時間を過ごすことは不可能であることは十分わかっていると思います。かえって，さまざまな問題（意見の不一致，葛藤など）を乗り越えることにより，対人関係が深まったり，より充実したグループ活動が可能になったりします。人と人とが直接かかわる体験が少なく，他者とかかわる力を求められる現代においては社会的スキル向上の必要性が指摘され，そのための教育が大切になってきています。

　社会的スキルには，相手に話しかけたり，相手の話を聞いたりするコミュニケーションにかかわる基本的なスキルから，状況を判断したり，対人関係での葛藤を処理したりする応用的なスキルまで考えられます。そして，もっとも高度な社会的スキルとは，対人関係において今そこで起こっていることにいち早く気づき，その状況に適切に働きかけていくことができるスキルだといえるでしょう。

　ここで，私たちはどのような社会的スキルをもっているのかを調べてみることにしましょう。

やりかた

　あなたは，他者との関係で，自分の対人行動について日頃どのように感じて

いますか。次にある18の項目について、「いつもそうだ」「たいていそうだ」「どちらともいえない」「たいていそうでない」「いつもそうでない」の5つの選択肢のうちどれにあてはまりますか。各項目どれか1つにチェックしてください。

	いつもそうだ	たいていそうだ	どちらともいえない	たいていそうでない	いつもそうでない
1. 他人と話していて，あまり会話が途切れないほうですか。	5	4	3	2	1
2. 他人にやってもらいたいことを，うまく指示することができますか。	5	4	3	2	1
3. 他人を助けることを，上手にやれますか。	5	4	3	2	1
4. 相手が怒っているときに，うまくなだめることができますか。	5	4	3	2	1
5. 知らない人でも，すぐに会話が始められますか。	5	4	3	2	1
6. まわりの人たちとの間でトラブルが起きても，それを上手に処理できますか。	5	4	3	2	1
7. こわさや恐ろしさを感じたときに，それをうまく処理できますか。	5	4	3	2	1
8. 気まずいことがあった相手と，上手に和解できますか。	5	4	3	2	1
9. 仕事をするときに，何をどうやったらよいか決められますか。	5	4	3	2	1
10. 他人が話しているところに，気軽に参加できますか。	5	4	3	2	1
11. 相手から非難されたときにも，それをうまく片付けることができますか。	5	4	3	2	1
12. 仕事のうえで，どこに問題があるかすぐにみつけることができますか。	5	4	3	2	1
13. 自分の感情や気持ちを，素直に表現できますか。	5	4	3	2	1
14. あちこちから矛盾した話が伝わってきても，うまく処理できますか。	5	4	3	2	1
15. 初対面の人に，自己紹介が上手にできますか。	5	4	3	2	1
16. 何か失敗したときに，すぐに謝ることができますか。	5	4	3	2	1
17. 周りの人たちが自分とは違った考えをもっていても，うまくやっていけますか。	5	4	3	2	1
18. 仕事の目標を立てるのに，あまり困難を感じないほうですか。	5	4	3	2	1

結果の整理

得点の与え方ですが，○をつけた数字がそのままその項目の得点となります。そして，18項目の合計得点があなたの社会的スキル得点になります。項目が18項目ありますから，最高得点は90点（社会的スキルが優れている人），最低得点は18点（社会的スキルが乏しい人）になります。

結果の解説

表C3-1には，教師（小・中・高等学校の先生たち），大学生（男子・女子）と女子短大生の平均値と標準偏差が示してあります。大学生男子と女子，また女子短大生の間にはさほど社会的スキル得点の平均値には差がありませんが，教師の社会的スキル得点の平均値は，大学生・短大生の得点よりも高いことがわかります。菊池は，この教師たちは平均年齢35.4歳で，ある教育センター主催の生徒指導講座に参加した先生たちであり，生徒指導に関心をもつ先生たちということから，社会的スキル得点が高くなっているのではないかと説明しています。

平均値と標準偏差とから，自分の得点の相対的位置を見つけてみましょう。平均値±標準偏差の計算をしてみると，大学生男子の場合，56.40±9.64で，66.04以上あれば高得点者の約16％内であり，46.76以下であれば低得点者の16％内であることを示しています。同じように計算すると，大学生女子と女子短大生の場合，高得点者であるといえるのは，それぞれ，67.37以上，63.82以上で，低得点者であるのは，それぞれ，49.33以下，49.80以下です。

社会的スキルについての解説

ゴールドステインは，若者のための社会的スキルの一連のリストを報告して

表C3-1 KiSS-18の資料（平均値と標準偏差）（（ ）内は人数）
（菊池，1988）

	教師 (45)	大学生		女子短大生 (112)
		男子(83)	女子(121)	
平均値	61.82	56.40	58.35	56.81
標準偏差	9.41	9.64	9.02	7.01

います。それによると，会話を始めたり・質問したり・自己紹介したりするなどの初歩的なスキル（Ⅰ），人に助けを求めたり・指示を与えたり・謝ったりするなどの高度なスキル（Ⅱ），自分の感情に気づき・その感情を表現したり・恐れを処理するなどの感情処理のスキル（Ⅲ），他人を助けたり・和解したり・自分をコントロールするなどの攻撃に代わるスキル（Ⅳ），難しい会話に応じたり・失敗を処理したり・非難を処理したりするなどのストレスを処理するスキル（Ⅴ），目標を設定したり・自分の能力を知ったり・決定を下すなどの計画のスキル（Ⅵ）があると指摘しています。

先ほどの質問紙の18項目のうち，各3項目が6種類のスキルに対応しています。Ⅰ（1，5，15），Ⅱ（2，10，16），Ⅲ（4，7，13），Ⅳ（3，6，8），Ⅴ（11，14，17），Ⅵ（9，12，18）の6つの小計を計算して，自分の長所・短所を調べてみるのもおもしろいでしょう。

社会的スキルの得点が低いからといって，心配する必要はありません。なぜなら，社会的スキルは，生まれつき備わっているものというより，学習可能な行動であるといえるからです。社会的スキルを向上させるためには，対人関係の中で問題を感じたときに自分の行動を内省し・分析してみることにより，または社会的スキルの高い人をモデルにすることなどにより，新しい行動を実験的に試みてみることも大切になります。その結果，自分の社会的スキルを体験的に高めていくことが可能になるのです。

学習課題

KiSS18の合計得点とゴールドステインの6種類のスキル得点を算出し，表C3-1と比較しながら，自分の社会的スキルの特徴を記述してみましょう。また，さらに社会的スキルを向上するためにどのような取り組みが必要かレポートしてみましょう。

菊池章夫　1988　思いやりを科学する――向社会的行動の心理とスキル――　川島書店
菊池章夫・堀毛一也　1994　社会的スキルの心理学――100のリストとその理論――　川島書店
菊池章夫（編）　2007　社会的スキルを測る：Kiss-18ハンドブック　川島書店

C4　関係を改善する ——交流分析とエゴグラム——

問　題

　人は誰でも，かなり複雑な人間関係の中で生活しています。軽いトラブルは日常的としても，ときどき些細な誤解や行き違いがもとで，思いがけない険悪な人間関係に巻き込まれることがあります。また，世の中には，相性が悪い人というのは確かにいるもので，運悪くそういう人に出会うと不必要なトラブルが重なり，泥沼の人間関係へと発展しやすいものです。それが職場の上司だったりすると最悪です。そうしたとき，自分自身の対人的な態度・行動上の特徴を，相手の立場になって考えてみると，案外関係改善の糸口が見えてくるものです。

　泥沼の人間関係の中で疲れた人に一番良い処方箋は，その人自身の対人関係を振り返ることです。少し高い次元で，自分自身の行動的な特徴やくせを冷静に見直してみることがもっとも重要です。自分自身のことをよく理解していれば，少々相性の悪い人と出くわしても余分なトラブルは回避できるでしょう。交流分析は，こうした人間関係改善のために，バーン（1961）によって考案された治療法の1つです。本格的な交流分析となると，専門家の力を借りなくてはなりませんが，しかし，交流分析の中核をなす自我分析については，1つの簡便なやり方が知られています。デュセイ（1977）が考案したエゴグラムです。日本語版のエゴグラムには東大式等数種のものが知られています。ここでは，それらの1つである杉田（1990）によるエゴグラムをやってみましょう。

やりかた

　表C4-1の50の質問項目に答えてください。

結果の整理

　全部の項目に答えたら，5つの尺度（CP尺度など）ごとに合計点を計算します。「はい」は2点，「どちらでもない」は1点，「いいえ」は0点として計算します。次に，88ページのプロフィール票の縦の線上に各尺度の得点を●で記入し，折れ線グラフのように直線でつないでいって完成となります。

表C4-1 エゴグラム・チェック・リスト（杉田，1990に加筆）

以下の質問項目について，自分によくあてはまるものに○を1つだけつけてください。

　　　　　　　　　　　　　　　　　　　　　　　　　　はい　どちらで　いいえ
　　　　　　　　　　　　　　　　　　　　　　　　　　　　　もない

			はい	どちらでもない	いいえ
CP（　）点	1	目下の人がミスをすると，すぐにとがめますか。			
	2	あなたは規則を守ることにきびしいほうですか。			
	3	最近の世の中は，子供を甘やかしすぎていると思いますか。			
	4	あなたは礼儀，作法にうるさいほうですか。			
	5	人の言葉をさえぎって，自分の考えを主張することがありますか。			
	6	自分を責任感のつよい人間だと思いますか。			
	7	小さな不正でも，うやむやにするのが嫌いですか。			
	8	「ダメじゃないか」「……しなくてはいけない」という言い方をよくしますか。			
	9	よい，わるいをはっきりさせないと気がすまないほうですか。			
	10	ときには子供をスパルタ式にしつける必要があると思いますか。			
NP（　）点	1	人から道を聞かれたとき，親切に教えてあげますか。			
	2	頼まれたらたいていのことは引き受けますか。			
	3	友人や家族に何か買ってあげることが好きですか。			
	4	子どもをよくほめたり，頭をなぜたりするのが好きですか。			
	5	他人の世話をするのが好きなほうですか。			
	6	他人の欠点よりも，長所をみるほうですか。			
	7	人が幸福になるのを喜べますか。			
	8	目下の人の失敗に寛大ですか。			
	9	あなたは思いやりのあるほうだと思いますか。			
	10	経済的に余裕があれば交通遺児を引き取って育てたいと思いますか。			
A（　）点	1	あなたは感情的というよりも，理性的なほうですか。			
	2	何ごとも，情報を集めて冷静に判断するほうですか。			
	3	あなたは時間をうまく活用していますか。			
	4	仕事は能率的にテキパキと片づけていくほうですか。			
	5	あなたはいろいろな本をよく読むほうですか。			
	6	だれかを叱る前に，よく事情を調べますか。			
	7	ものごとは，その結果まで予測して，行動に移しますか。			
	8	何かするとき，自分にとって損か得かをよく考えますか。			
	9	体の調子がよくないときは，自重して無理を避けますか。			
	10	何かわからないことがあると，人に相談してうまく片づけますか。			

			はい	どちらでもない	いいえ
FC（　）点	1	うれしいときや悲しいときに，顔や動作にすぐあらわしますか．			
	2	あなたは人の前で歌をうたうのが好きですか．			
	3	言いたいことを遠慮なく言うことができますか．			
	4	子供がふざけたり，はしゃいだりするのを放っておけますか．			
	5	もともと，わがままな面がつよい人ですか．			
	6	あなたは，好奇心がつよいほうですか．			
	7	子供と一緒に，はめをはずして遊ぶことができますか．			
	8	マンガの本や週刊誌を読んで楽しめますか．			
	9	「わあ」「すごい」「かっこいい」などの感嘆詞をよく使いますか．			
	10	遊びの雰囲気にらくにとけこめますか．			
AC（　）点	1	あなたは遠慮がちで，消極的なほうですか．			
	2	思ったことを言えず，あとから後悔することがよくありますか．			
	3	無理をしてでも，他人からよく思われようと努めていますか．			
	4	あなたは劣等感がつよいほうですか．			
	5	あまりイイ子でいるため，いつか爆発するかもしれないと思いますか．			
	6	他人の顔色をみて，行動するようなところがありますか．			
	7	本当の自分の考えより，親や人の言うことに影響されやすいほうですか．			
	8	人からどう評価されるか，とても気にするほうですか．			
	9	イヤなことをイヤと言わずに，抑えてしまうことが多いほうですか．			
	10	内心では不満だが，表面では満足しているように振舞いますか．			

プロフィール票

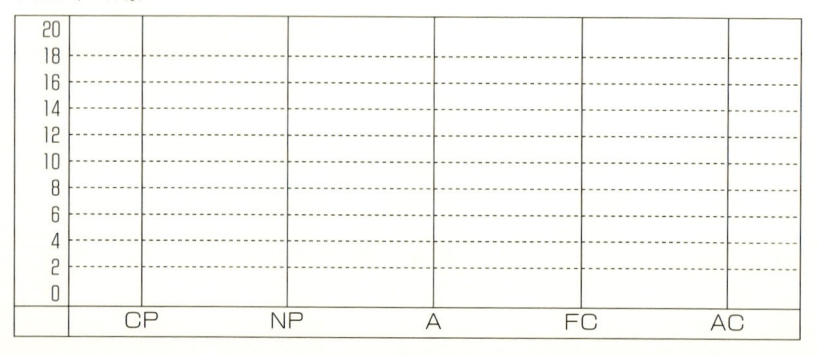

	CP	NP	A	FC	AC
20					
18					
16					
14					
12					
10					
8					
6					
4					
2					
0					

結果の解説

エゴグラムは，次の5つの自我状態の尺度から構成されます。それらのうちどの尺度の得点が高いかを判定し，自我状態の構造を推測していきます。

①批判的な親（CP）尺度：簡単にいえば，「厳しい父親度」の尺度。この特徴が優位な人は，責任感が強く保守的で，他者に批判的で独善的なところがあります。いわば，口やかましい頑固者といったイメージの強い人で，他の人から敬遠されがちな人といえるでしょう。

②養育的な親（NP）尺度：簡単にいえば「優しい母親度」の尺度。この特徴が優位な人は，他の人に共感的で思いやり深く，受容的で世話好きであるといえます。

③大人の自我状態（A）尺度：人間としての成熟度や成人度の尺度。この特徴が優位な人は，理知的・合理主義的であり，現実的・適応的にものごとに対処していきます。ただし，度が過ぎると冷たい人間コンピュータといったイメージが強くなるでしょう。

④自由な子供（FC）尺度：子供のような自由奔放さの尺度。この特徴が優位な人は，天真爛漫，明るく自由奔放で，感性や表現力が豊かな人が多いです。逆にいえば，わがまま，感情的・衝動的で，周囲との協調性に欠け，周囲の人とトラブルをおこしやすい傾向もあります。

⑤順応した子供（AC）尺度：いわば「良い子ちゃん度」の尺度。この特徴が優位な人は，周囲との協調性が高く，素直でおとなしいのですが，反面他者への依存心が強く，自主性が乏しいともいえます。

これら5つの尺度のうちどの尺度が優位なのかが大きな判断基準ですが，逆にどの尺度の得点がとくに低いのかといったことも，個人の特徴を判断するうえで重要な決め手となります。いずれかの得点が極端に低いということは，その特徴がとくに低いか欠如しているということを示しているからです。こうした5つの尺度それぞれについて，得点が高いか低いか，あるいは平均的であるかといった判断を組み合わせて，最後にプロフィールを総合的に判断します。詳しく知りたい人は，芦原・桂（1992）を参考にするとよいでしょう。

学 習 課 題

エゴグラムのプロフィール票を見て，あなたの自我状態の特徴を文章で表現してみましょう。

芦原　睦・桂　戴作　1992　自分がわかる心理テスト　講談社
Berne, E.　1961　*Transactional Analysis in Psychotherapy*.　New York: Grove Press.
デュセイ，J. M.　池見酉次郎（監修）　新里里春（訳）　1980　エゴグラム：ひと目でわかる性格の自己診断　創元社
杉田峰康　1990　医師・ナースのための臨床交流分析入門　医歯薬出版

C5　実のなる木を描く ——バウムテスト——

問　題

　バウムテスト（樹木画テスト）は，被検者（描画者）の心理的抵抗も少なく，児童・成人の発達・能力測定，臨床的人格診断の道具としてよく用いられます。

　描かれたバウムは1枚のスナップ写真のようなものです。その人の特徴が巧みに強調されてあらわれることもありますが，一方，スナップショットにはその人の全体像が必ず表現されているとは限りません。また，バウムには被検者の自己像以外に，たとえば理想像，重要な他者像などがあらわれることもあります。

やりかた

　A4規格の用紙1枚，柔らかめの鉛筆2・3本，消しゴムを用意し，その用紙に，実のなる木を1本描いて下さい。用紙の使用方向に制限はありません。まじめさが欠けない程度にリラックスして取り組みます。また，描画方法にいっさい制限はありませんが，写生はしないようにしましょう。

結果の整理と解釈

　バウムの形態特徴に対する意味づけはきわめて多義的です。まず最初に全体的特徴をつかみ，次にいくつかの視点から目立つ特徴を読み込んで枠組みを作り上げ，続いて小さい要素を取り上げて肉づけをしていくほうがわかりやすいでしょう。ここでは枠組みの作り方を中心に解説します。

　まず描かれたバウムを，描画としての完成度は別にして，そのときその場で何かを伝えている「完成品」とみなします。そのうえで，未完成，不完全，逸脱などの印象があれば，その印象がなぜ得られたのか，何を意味するのかを考えます。全体的印象の方向性が得られれば，次の段階の分析を行うための方向づけの示唆が得られます。この方向づけを参考にしながら，バウムにあらわれているいくつかの特徴を読み込みます。バウムが描かれるときには何らかの視覚的概念化が働いていますから，いくつかの視点からその概念化の過程を探り，そこに投影されている被検者の心理的特徴を読み取ってゆきます。標準的バウ

ムからのずれは，平均的な概念化のあり方からのずれをあらわしています。そのずれに被検者の基本的な諸傾向が投影されているのです。

1. **標準型と発達的視点**　標準的樹型は大別して基本型と冠型です。両型ともに子どもと大人でも異なります。子どものバウムは子どもなりの視覚的概念化の結果です。基本型は分析的系統的把握で男子に，冠型は全体的直観的把握で女子に多く見られます。発達に従って，徐々に枝，実，葉が分化してきます。幼型では実，葉の空間倒置はごく普通で，多さを表現しています。幼型は小学生段階で完成しますが，これと重なって写実的要因が入っていき（図C5-

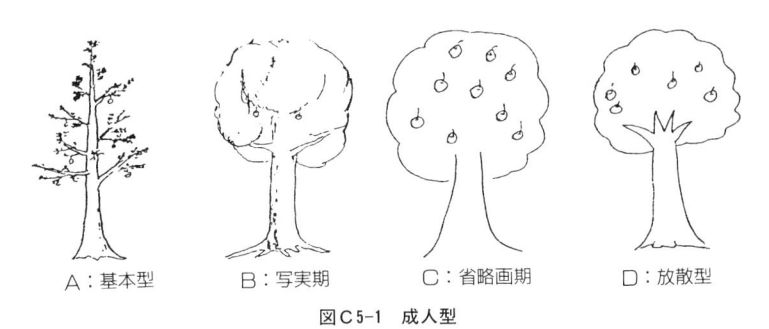

A：基本型　　B：写実期　　C：省略画期　　D：放散型

図C5-1　成人型

1-B），中学から高校にかけて強まり，ついで急速に，簡略だが立体感のある成人省略画期（図C5-1-C）に入っていきます。成人型の冠型はいわば平凡反応であり，無個性的です。基本型（図C5-1-A）は論理的，放散型（図C5-1-D）は活動的です。

2. **樹冠部と幹**　冠部と幹の比に注目すると，幹強調型と冠強調型に大別されます。冠と幹には人間性の成熟度のようなものがあらわれます。発達的に見れば，幼型では冠部が小さくなります。冠部と幹の視覚的質量が未分化なため，冠部が小さいほうが安定するからです。質量の分化に応じて冠部が大きくなってゆきます。長い幹，強調された幹は未熟性，退行，本能的，自己吟味の貧困などを示します。図C5-2-Aのような幹の大きなバウムは質量感の低い幹が印象的で，自我肥大と見ら

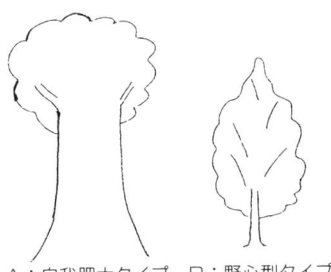

A：自我肥大タイプ　B：野心型タイプ

図C5-2　幹と質量

れ，幼さと尊大さの同居，人間性の乏しさが感じられます。冠強調型は知性の優位，精神的傾向，観念的，気位，自惚れ，熱中性などを示します。図C5-2-Bのような火炎状の大きな冠は野心的とされます。基本型も幹と枝の質量分化に応じて枝が発達します。他に幹や冠より根を強調する根強調型があります。根強調型では原始性，鈍重，不活発，粘着性，衝動傾向などが指摘できます。

3. 安定操作　バウムは縦長で冠部が大きいので不安定です。このため，幹の基部に工夫をして安定化がはかられます。発達の初期には用紙の下辺を地面のように用いる下縁立ちが一般的ですが，以後は根（図C5-3-A），地平線（図C5-3-B）などを描くようになります。適度な幹基の広がりは成人型の特徴の1つです。そうした安定操作のない，不安定な浮き上がったもの，過補償をあらわすゴテゴテしたものもあります。安定操作には不安と防衛の様相が投影されるといわれます。多義的ですが，下縁立ちは依存，根は自己探究的，地面は集団や現実重視をあらわすといわれます。

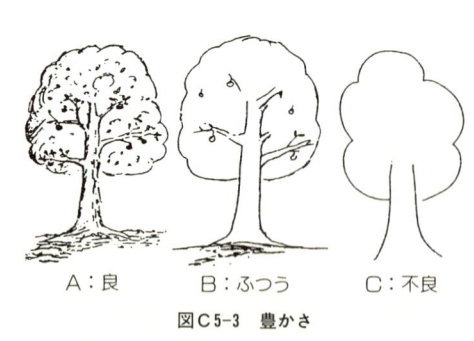

4. "おさまり"　バウムの描かれた位置，上下・左右のバランス，各要素間の釣合などから全体的"おさまり"の具合いを検討します。幹，枝，葉，実といった要素の要素内，要素間の釣合は知的な現実適応の様相を示唆します。たとえば，実の

図C5-3　豊かさ
A：良　B：ふつう　C：不良

強調は成果の渇仰であったりします。図C5-3-B程度が成人型の標準です。"おさまり"の良・不良は精神活動のコントロールの程度をあらわすといわれます。空間象徴的に重視されるのは左右の釣り合いです。左は内向，過去，個人，母などを，右は外向，未来，集団，父などを意味するとされます。

5. エネルギーと豊かさ　生き生きとした印象のバウムは"おさまり"の良さとともに適度なエネルギーと豊かさを感じさせ，これはそのまま精神のエネルギーと内面の豊かさに通じます。基本的エネルギー感は大きさ，筆圧，筆勢などから判断します。画面に収まりきらないバウムは，自己本意，子どもっぽさを示唆します。豊かさは要素の数，描線（強弱，潤渇，曲直）の使い分け，

塗り，幹などの細かい表現などにあらわれます。図C5-3-Bぐらいが普通です。どの特徴も極度になりすぎると不安，葛藤，強迫の傾向を示すことになります。

以上，視覚的概念化のあり方を考察することによって，そこに投影される被検者の特徴を読み取っていく方法を述べました。この結果を枠組みとして，さらにバウムにあらわれた個々の形態的特徴の意味するところを読み込んで肉づけしていけば，被検者の全体像をより細かにとらえることができます。表C5-1に，いくつかの心理的特徴を読み取ることができるバウムの形態特徴をあげました。

表C5-1 各種指標

丁寧さの指標	●陰影，消しゴム，重ね書き，塗り　●幹の表面の模様 ●実・葉の高い形態水準（葉脈を入れる，支脈，鋸歯） ●細かな枝分かれ　　　　　　　　　●その他
不安指標 （緊張感，イライラを与える，陰気な感じ）	●幹の不連続　●浮き上がり　●傷，切り跡 ●部分強調　　●傾斜像　　　●その他 ●紋切り型的表現　●一筆書き
ゆがみ指標 （形の崩れ，乱れ，奇妙さ，不釣合，不格好）	●上ほど太い幹　　●メビウスの木　●枝の奇妙な折れ，曲がり ●先ほど太い枝　　●枝の不統一　　●その他 ●釣り合わない葉や実　●幹や枝のズレ ●膨み，くびれ　　●空間倒置
貧困指標	●一線幹　●極端な省略　　　　　　　　●弱い筆圧 ●全一線枝　●小さい（高さ1/2以下，幅が狭い）　●その他

諸形態の特徴の意味は多義的です（コッホ，1970）。それらをモザイク的に組み立てても全体像に迫れるとは限りません。描画者の全体像を的確に把握するためには臨床的な経験が必要とされます。

学習課題

樹木画にあらわれる描画者の発達的特徴について調べてみましょう。

青木健次　1988　バウムテスト―バウム画を表現心理学から読む―　臨床精神医学，**17**，979-987.
コッホ，C.　林　勝造他（訳）1970　バウム・テスト―樹木画による人格診断法―　日本文化科学社

C 6　孤独感

問　　題

　大学（短大）に入学して直面する社会心理学的課題の1つに「生活事態変化」への適応をあげることができます。大学（短大）への入学は，新入生に新たな生活事態をもたらします。授業形態も変わる上に，友人とのつきあい方も高校時代までとは異なってきます。このような「生活事態変化」にともなって，新入生は4月に多かれ少なかれ孤独感を経験することになります。

　孤独感とは，対人関係についての願望水準（望んでいる状態）と達成水準（現に営んでいる状態）とのくいちがいの認知によって生起する日常的な情動体験です。つまり，その人が現在営んでいる対人関係の状態が，その人が望んでいる状態を下まわるほど，孤独感が強くなります。また，その人の対人関係が客観的には希薄なものであっても，その人が対人的接触を望んでいなければ，孤独感は生じません。なお，「社会的孤立」は，社会的相互作用に関する達成水準が低い状態を意味しており，孤独感とは区別すべき概念です。

　このような考えに従って，入学時に感じる孤独感を考えてみましょう。今までとは異なる生活事態への移行に直面した新入生は，新たな交友の可能性を自由に想像できます（願望水準の上昇）。他方，入学直後には，周りには未知の者が大半を占めるために，現実の交友状態が一時的に不活発になりやすいでしょう（達成水準の低下）。このため，入学時には，願望水準と達成水準とのくいちがいが一時的に増大し，孤独感が生じやすくなると考えられます。しかし，この孤独感の一時的高まりは，①新たな友人関係の形成と拡大（達成水準の上昇），②大学（短大）生活の現実状況の理解（願望水準の低下）によって，次第に解消されるはずです。もちろん，新入生本人や大学環境の条件によっては，この解消が生じず，孤独感の深刻な慢性化がもたらされることもあるでしょう。それまでに十分な対人的技能を身につける機会に恵まれていなかったために新たな友人をつくることができなかったり，高校までとは異なる自由な受講形態のために友人をつくる機会が少なくなるかもしれません。

　ここで，あなたが日頃感じている孤独の程度を調べてみましょう。

やりかた

　私たちは，日頃，さまざまな状態におちいったり，さまざまな気持ちを抱くことがあります。以下に，さまざまな状態や気持ちを並べてあります。それぞれの状態や気持ちを日頃どのくらい感じるか答えてください。「4．たびたび感じる」「3．ときどき感じる」「2．めったに感じない」「1．決して感じない」のうちからもっともあてはまる番号1つに○印をつけてください。

	たびたび感じる	ときどき感じる	めったに感じない	決して感じない
1．私は，周りの人たちと調子よくいっていない。……	4	3	2	1
2．私には，頼りにできる人がいる。……………	4	3	2	1
3．私は，親しい仲間たちのなかで欠くことのできない存在である。………………………………	4	3	2	1
4．私には，周りの人たちとの共通点が少ない。………	4	3	2	1
5．私は，誰とも親密にしていない。……………	4	3	2	1
6．私には，私のことをよく知っている人がいる。……	4	3	2	1
7．私は，望むときにはいつでも，人とつきあうことができる。………………………………………	4	3	2	1
8．私には，知り合いはいるが，私と同じ考えの人はいない。……………………………………………	4	3	2	1

結果の整理

　以下の手順で，結果を整理しましょう。

　①項目1，4，5，8については，あなたが○印をつけた数値をそのまま合計してください（得点A）。

　②項目2，3，6，7についても，同様にあなたが○印をつけた数値をそのまま合計してください（得点B）。次に，「20－得点B」を計算してください（得点C）。これら4項目が孤独状態と逆の状態をあらわす内容であるために，このように計算を行います。

　③「得点A＋得点C」を計算してください。この得点があなたの孤独感の高さを表すことになります。得点が高いほど孤独感が高いことになります。

	1	4	5	8	合計	
得点A						
	2	3	6	7	合計	得点C
得点B						

※得点Cの算出法：20－得点B

得点A＋得点C＝（　　　）

結果の解説

　表C6-1に，女子短大生と大学生を対象とした研究（諸井，1993，1995a）で得られた孤独感得点を示しました。得点可能範囲は8点から32点ですので（中性点20点），女子短大生や大学生の孤独感は，平均的には少し低いことになります。①調査時期（1・2年生の6・7月や11月）や，②データ収集法（授業を利用して得た健常サンプル）の点からも，このような結果になったと考えられます。ここで，"平均値±標準偏差"を基準に，何点ぐらいだと高い孤独感を抱いていることになるかを考えてみましょう。女子短大生では，15.57＋3.72＝19.29，女子大学生では，15.68＋3.52＝19.20，男子大学生では，16.96＋3.85＝20.81となります。したがって，孤独感得点が，女子では約20点以上，男子では約21点以上であると，高い孤独感をもつ人といえます。あなたの得点はどうだったでしょうか。

　なお，表C6-1でもわかるように，一般的に女子よりも男子のほうで孤独感が少し高い傾向があります。これは，次のように考えられます。男性は，「性役割規範」によって，情動的な弱さや心の悩みの表明が許されないために，孤独状態に陥りやすくなります。他方，女性は，そのような表明が許されているので，強い孤独を感じることがあまりないのです。

　ところで，どうすれば孤独感を解消できるのでしょうか。孤独に陥ったときには，①対人関係についての願望水準を低める，②対人関係についての達成水準を高める，③両水準のくいちがいの重要性を低めたり，くいちがいの程度を過小に見積もる，という3つの基本的方法によって，孤独から逃れることができます。①の方法には，1人で楽しめる課題を見つけることなどが含まれます。②では，新たに友人をつくったり，既存の対人関係を活性化することが目指されます。③の場合には，対人関係自体の価値を低めたりすることになります。

表C6-1 短大生・大学生の孤独感得点（諸井，1993，1995a）

女子短大生	女子大学生	男子大学生
$x=15.57$, $SD=3.72$, $n=256$	$x=15.68$, $SD=3.52$, $n=149$	$x=16.96$, $SD=3.85$, $n=100$

女子短大生―女子大学生：$p<.01$
女子大学生―男子大学生：$p<.01$

（注）x：平均値；SD：標準偏差；n：人数

その人自身の対人的技能や周囲の環境によってどのような対処が行われるかは異なります。しかし，②の対処方法が孤独感を解消するうえではもっとも効果的でしょう。

孤独感についてさらに詳しく知りたい人は，諸井（1995b）を参照してください。

学習課題

あなたは孤独感を解消するために，どのようにしているか具体的にあげて，結果の解説にある①，②，③の観点から考察してみましょう。

諸井克英　1993　大学生における孤独感と電話コミュニケーション　人文論集（静岡大学人文学部研究報告），**43**(2)，1-32．
諸井克英　1995a　女子短大生における孤独感と電話コミュニケーション　人文論集（静岡大学人文学部研究報告），**45**(2)，1-17．
諸井克英　1995b　孤独感に関する社会心理学的研究　風間書房

C7　対人不安と対人恐怖

問　題

　私たち人間は，ある特定の時代の特定の文化をもつ家庭の中へ，自分の意志とはまったく関係なく生まれてきます。そして，一般的には生みの親である両親によって養育されて，その社会の一員として成長します。やがて多くの人たちは結婚して自らの新しい家庭をもち，その中で子どもを産み育て，ついには年老いてこの世を去るのです。このように，私たちはその誕生から死に至るまでの全生涯を多くの人々に囲まれて生きていきます。それらの人に支えられ，そして自分でも他の人を支えながら生きるのです。言葉をかえれば，私たちは他人とのかかわりあいをもたずに生きていくことができないのです。

　しかしながら，人と人との関係は常に円滑に進んでいくとは限りません。むしろ他人との意見や利害の対立・衝突は日常茶飯事です。読者の皆さんで父親・母親との関係，兄弟との関係，同性・異性の友人との関係，さらには学校の先生との関係などで，一度もトラブルの経験のない人は誰もいないでしょう。

　コンピュータなどの機械と異なり，人間はその人なりの意志と感情をもっています。それらが多様な個性を生み出すのですが，その反面，自分の意志でコントロールできない「他者」という存在が，ある人の脅威になったり，その人に強い緊張や不安を生み出すこともあります。そこで，ここでは対人関係の不安のセルフ・チェックを行うことにします。

　その前に，いくつか確認しておきたいことがあります。それは不安と恐怖との関係，対人不安と対人恐怖症との関係，そして不安の種類についてです（これらの問題に対する学説は，ひととおりではなく，研究者によって概念規定の仕方がかなり異なるものもあります）。まず不安ですが，新版心理学事典（平凡社）によれば「自己の将来に起こりそうな危険や苦痛の可能性を感じて生じる不快な情動現象」と定義されています。それに対して恐怖は，「特定の対象があり，可能ならばそれに立ち向かうこともできれば回避もできる」とされています。つまり，不安は漠然としていてとらえにくく，したがって危機感や無力感が生じてもその対象がはっきりとはとらえにくいということです。

　次に対人恐怖症ですが，これは神経症の一種と考えられています。その症状

は児童臨床心理学事典（岩崎学術出版社）によれば「人前での赤面（赤面恐怖），目のやり場のなさ（正視恐怖），表情のこわばり（自己表情恐怖），言葉がどもること（吃音恐怖），手のふるえ（震戦恐怖），発汗（発汗恐怖）などを強く覚え，かかる症状を押さえようと努め，それがかえって症状を際立たせてしまう」というものです。一般に，対人不安は対人恐怖症ほど病的ではなく日常生活に支障はありませんが，他者との関係に漠然とした不安をもち，比較的軽い対人恐怖的な反応を示すことと考えればよいでしょう。

　また，不安は前述のように情動的な反応なので，その種類を明確に分類することは難しいのです。しかし，出生によって個体として自立することにともなう根源的不安，現実に存在する脅威による現実的不安，不安神経症などの神経症性不安などいくつかのタイプに分けられています。

目　　的

　不安を定量的に測定する目的で使われているのが不安尺度です。その代表的なものはテーラーによるMAS（Manifest Anxiety Scale，顕在性不安尺度）ですが，ここでは私たちが作成した対人関係質問票を紹介することにします（林・小川，1981）。この質問票のもとになったのは小川（1974）の開発した対人不安質問票であり，対人恐怖症の青年と一般の青年（学生）との間の対人不安の差異を定量的に把握するという目的で作成されたものです。しかし，このオリジナルの質問票は117項目からなり，質問項目がかなり多いこと，似た項目が多く評定しにくいものがあることなどから，より簡略化して再構成したものが対人関係質問票です。この対人関係質問票は66項目，12因子から構成されています。ここでは，その一部である6個の因子についての得点を算出してみましょう。

やりかた

　次の各項目について，「非常にあてはまる」（6点），「あてはまる」（5点），「ややあてはまる」（4点），「どちらともいえない」（3点），「ややあてはまらない」（2点），「あてはまらない」（1点），「全然あてはまらない」（0点）の7段階で評定します。そして，6個の因子別に合計点を算出します。

第3部 対人関係

	非常にあてはまる	あてはまる	ややあてはまる	どちらともいえない	ややあてはまらない	あてはまらない	非常にあてはまらない
1. 人と自然につきあえない………………………………	6	5	4	3	2	1	0
2. 小心である………………………………………………	6	5	4	3	2	1	0
3. 将来の自分には，あまり期待がもてない……………	6	5	4	3	2	1	0
4. いつも頭が重い…………………………………………	6	5	4	3	2	1	0
5. 人の目をみるのがとてもつらい………………………	6	5	4	3	2	1	0
6. 自分は，周りから変な人に思われているようだ…………	6	5	4	3	2	1	0
7. 知っている人を見かけても，顔を合わせないように道をさけてしまう………………………………	6	5	4	3	2	1	0
8. 気が弱い…………………………………………………	6	5	4	3	2	1	0
9. 生きていることに価値が見出せない…………………	6	5	4	3	2	1	0
10. いつも疲れているような感じがする…………………	6	5	4	3	2	1	0
11. 顔をジーッと見られるのがつらい……………………	6	5	4	3	2	1	0
12. 自分のおかしいことが人に知られて，家の者に迷惑をかけているのではないかと気になる………………………	6	5	4	3	2	1	0
13. 友達と一緒にいるとき顔がこわばったり，赤くなったり，緊張したりする………………………	6	5	4	3	2	1	0
14. 内気である……………………………………………	6	5	4	3	2	1	0
15. 充実して，生きている感じがしない…………………	6	5	4	3	2	1	0
16. 気分が沈んでしまって，やりきれなくなるときがある…	6	5	4	3	2	1	0
17. 人と目を合わせていられない…………………………	6	5	4	3	2	1	0
18. 相手に，イヤな感じを与えるような気がして，相手の顔色をうかがってしまう………………………	6	5	4	3	2	1	0
19. 二人きりでいると，相手を意識してしまって緊張する…	6	5	4	3	2	1	0
20. 引込み思案である………………………………………	6	5	4	3	2	1	0
21. 何をやっても，うまくいかない気がする……………	6	5	4	3	2	1	0
22. みじめな思いをすることが多い………………………	6	5	4	3	2	1	0
23. 人と話しをする時，目をどこへもっていっていいか，わからない………………………	6	5	4	3	2	1	0
24. 知らない人からジロジロ見られていると感じたことがよくある………………………	6	5	4	3	2	1	0

結果の整理と解説

　各因子の名称と，所属する項目を表C7-1に示します。それぞれの因子ごと

表C7-1　対人不安因子と所属項目

因子	名称	所属項目				合計
第1因子	くつろいで人とつき合えない悩み	(1)	(7)	(13)	(19)	
第2因子	ささいなことを気に病む悩み	(2)	(8)	(14)	(20)	
第3因子	生きている充実感がない悩み	(3)	(9)	(15)	(21)	
第4因子	気分のすぐれない悩み	(4)	(10)	(16)	(22)	
第5因子	目が気になる悩み	(5)	(11)	(17)	(23)	
第6因子	変な人に思われる悩み	(6)	(12)	(18)	(24)	

表C7-2　各因子の平均値・標準偏差（（　）内は標準偏差）

	第1因子	第2因子	第3因子	第4因子	第5因子	第6因子
大学1・2年	13.0 (5.1)	12.2 (4.6)	12.9 (5.1)	12.7 (4.5)	12.9 (5.5)	13.3 (5.1)
大学3・4年	12.7 (5.6)	12.6 (5.3)	13.0 (5.1)	13.3 (4.5)	12.4 (6.2)	13.3 (5.9)

に，各項目の得点の合計点を算出して下さい。

　林・小川（1981）によれば，各因子の得点には性差がなく，学年差も大学1・2年生と3・4年生の間では有意ではありません。しかし，一応，2群に分けて因子ごとの平均値と標準偏差を示したものが表C7-2です。

　各因子の得点の範囲は0点から24点までです。このことと表の平均値，標準偏差の値から，皆さんの各因子の得点の相対的な位置づけができるでしょう。

　ただし，もしあなたが数値が高く対人不安傾向が強いとしても，ただちに問題だと思う必要はありません。青年期においては，対人不安傾向や自意識過剰という傾向は，決して珍しくないからです。それらを，現在の時点での自分の「個性」の1つとして前向きに受けとめるという姿勢が大切でしょう。

林　洋一・小川捷之　1981　対人不安意識尺度構成の試み　横浜国立大学保健管理センター年報，1，29-46.
根本橘夫　1996　心配症の心理学　講談社現代新書
西村良二　1992　医療・看護・メンタルヘルスの心理学　ナカニシヤ出版

C8　ストレスとその対応

問　題

　現代はストレスの時代といわれています。このことは現代がストレスを避けては生きられない時代であることを意味しています。ではいかにこのストレスフルな時代を生きるのでしょうか。この章ではこんなテーマを中心に考えていきましょう。

やりかた

　表C8-1にあげてある出来事のうち，過去1年間に自分が体験したものに○をつけてください。また，表C8-2にあげてある体や心の状態について，ここ3ヵ月間のおよその状態に当てはまるものに○をつけてください。

表C8-1　以下の出来事のうち，過去1年間に自分が体験したものの番号に○をつけてください。

順位	出　来　事	評価点
1	配偶者の死	100
2	離　婚	73
3	夫婦別居	65
4	投　獄	63
5	近親者の死	63
6	本人のケガや病気	53
7	結　婚	50
8	失　業	47
9	夫婦の和解	45
10	退　職	45
11	家族の健康面・行動面での変化	44
12	妊　娠	40
13	性生活の困難	39
14	新しい家族メンバーの加入	39
15	合併・組織変革など勤務先の大きな変化	39
16	家計上の変化	38
17	親友の死	37
18	配置転換	36
19	夫婦の口論回数の変化	35
20	100万円以上の借金	31
21	借金やローンの抵当流れ	30
22	仕事上の責任の大きな変化	29
23	子どもの離家	29
24	しゅうと（め）とのいさかい	29
25	個人的な成功	28

	26	妻の就職または退職	26
	27	本人の進学または卒業	26
	28	生活条件の変化（家の新改築，環境悪化）	25
	29	個人的習慣の変更	24
	30	職場の上司とのトラブル	23
	31	勤務時間や労働条件の大きな変化	20
	32	転　居	20
	33	転　校	20
	34	レクリエーションのタイプや量の変化	19
	35	宗教（教会）活動上の変化	19
	36	社会（社交）活動の面での変化	18
	37	100万円以下の借金	17
	38	睡眠習慣の変化	16
	39	同居家族員の集まりの回数の変化	15
	40	食習慣の変化	15
	41	長期休暇	13
	42	クリスマス	12
	43	交通違反などちょっとした法律違反	11

表C8-2　以下のからだや心の状態について，ここ3カ月間のおよその状態にあてはまるものに○をつけてください。

			まったくない	あまりない	時々ある	かなりよくある	たいへんよくある
a.	1	頭痛	1	2	3	4	5
	2	めまい	1	2	3	4	5
	3	胸や心臓のいたみ	1	2	3	4	5
	4	身体から力が抜ける感じ	1	2	3	4	5
	5	背中の痛み	1	2	3	4	5
	6	筋肉の痛み	1	2	3	4	5
	7	呼吸困難	1	2	3	4	5
	8	暑さや寒さに対する発作	1	2	3	4	5
	9	身体の一部のしびれや痛み	1	2	3	4	5
	10	のどのつまり	1	2	3	4	5
	11	胃の不調や痛み	1	2	3	4	5
	12	手足のだるさ	1	2	3	4	5
b.	1	食欲のないこと	1	2	3	4	5
	2	泣きたくなること	1	2	3	4	5
	3	ワナにはめられたような気分になること	1	2	3	4	5
	4	自分を責めること	1	2	3	4	5
	5	一人ぼっちの気分になること	1	2	3	4	5
	6	憂うつになること	1	2	3	4	5
	7	物事をくよくよ考えること	1	2	3	4	5
	8	どんなことにも興味のなくなること	1	2	3	4	5
	9	将来に希望がないように思うこと	1	2	3	4	5
	10	性的なことに興味のなくなること	1	2	3	4	5
	11	いっそ死んでしまいたいと思うこと	1	2	3	4	5
c.	1	ちょっとしたことが気になって仕方がないこと	1	2	3	4	5
	2	身体がふるえること	1	2	3	4	5
	3	わけもなくおびえること	1	2	3	4	5
	4	恐ろしい気分に襲われること	1	2	3	4	5
	5	心臓がどきどきすること	1	2	3	4	5
	6	特定の物事や場所を避けたいと思うこと	1	2	3	4	5
	7	緊張したり神経過敏になったりすること	1	2	3	4	5

結果の整理

　表C8-1は，体験した出来事の評価点の合計を算出します。また，表C8-2は，a，b，cごとに項目の合計点を算出します。

表C8-3　社会再適応評価尺度

評価点の合計	

表C8-4　ストレス反応尺度

	合計得点	平均点（項目数で割る）
a．心身症傾向		合計得点÷12＝
b．うつ傾向		合計得点÷11＝
c．不安傾向		合計得点÷ 7＝

結果の解説

　表C8-1は，ホームズとレイ（1967）によって開発された社会再適応評価尺度です。人生にはさまざまな出来事(ライフイベント)が起こりますが，その出来事に出会った場合，それが解決するまで，あるいはその状態に慣れたり気にならなくなるまでに，人は何らかの不都合ややりにくさを感じ，うまくやるための努力などが必要です。そこでホームズらは，その人の人生に起こる出来事が，今までに確立されたその人の生活の形式に何らかの変化を強いるために，ストレスの原因になっていると考えました。たとえば，評価点50点の結婚を取り上げてみましょう。もちろん結婚は好きな人と一緒に暮らしたいという，双方の思いによって行われるわけですから，幸せ一杯でストレスとは無縁であるかのようですし，実際そういう心理的な側面はあります。しかし，現実の生活に目を向けてみると，今まで親元で暮らしていた2人なら，朝食の支度から洗濯，細々とした契約ごとなど，何もかも自分たちでやらなくてはいけなくなるかもしれませんし，今まで一人暮らしなら一人で好きなようにやっていたことを，相手の都合を確認しなければできなくなるかもしれません。何にせよ，結婚という生活形態を作り上げていく，あるいはそれに慣れていくためには，ある程度の時間や努力や考え方の変更などを要するでしょう。

　表C8-1は結婚を50点としたときに，その他のライフイベントがどのくらいの負荷をもっているかを調査した結果です。彼らはその後の追跡調査の結果，過去1年間に起きた出来事の評価点の合計が150点以下である場合には健康を害する危険性はきわめて低いが，150点から300点の間であると2年以内に健康を害する危険性が50％，300点以上であると2年以内に健康を害する危険性が80％

あるとしています。

　もちろん，ストレスの原因にはこういったライフイベントの他にも，日常的に私たちをいらだたせる事柄も無視することはできません。たとえば，気になる友人関係や嫌みをいう職場の上司，生活の経済的な心配や気の重い仕事などです。日常的なストレスを慢性的ストレス，ライフイベントのように突然起こるストレスを急性ストレスとよんで区別することがあります。もちろん，急性ストレスと慢性ストレスの両方に目を配ることが望ましいと考えられます。

　以上のように，私たちは多くのストレスの原因に囲まれていますが，これらのストレスは体にどのような影響を及ぼしているのでしょうか。表C8-2はストレス反応を測定するホプキンスリストとよばれているもので，それぞれ心身症傾向(a)，うつ傾向(b)，不安傾向(c)を測定しています。それぞれ平均点が，1.5点から2.5点に収まっていれば，ストレス反応レベルは普通ですが，2.5点以上であれば，ややストレス反応レベルが高いので，ゆっくり休んだり，場合によってはストレスの原因を探ったりということが必要でしょう。このようにストレスに対応することを対処（コーピング）といいます。対処の方法には上記の他にも，とりあえず時を待つ，別の見方をしてよいように考える，考えないようにする，人に相談する，他人に当たり散らす，などいろいろ考えられます。他人に当たり散らすなどはさらにストレスをよびそうであまりおすすめはできませんが，ストレス時代をうまくやり過ごすために，いろいろな対処方法を工夫してみてはどうでしょうか。

学習課題

　①今現在どんなことが自分のストレスになっているか書き出してみましょう。②それらのストレスにどのように対処しているか書き出してみましょう。③これらから自分の置かれているストレス環境についてまとめてみましょう。

Holmes, T. H., & Rahe, R. H. 1967 The social readjustment gating scale. *Journal of Psychosomatic Research*, **11**, 213-218.
金井篤子　2004　職場のストレスとサポート　外島　裕・田中堅一郎（編）増補改訂版　産業・組織心理学エッセンシャルズ　ナカニシヤ出版

第 4 部　学校から社会へ

D 1　意欲的に生きる──セルフ・エフィカシー──

問　題

　あなたがお母さんから「1時間ほど高速道路を運転して，おばあちゃんの家まで一人でお使いに行ってくれない？　急ぐんだけど」と頼まれたとします。どう答えるでしょうか。運転免許をとったばかりの人は「ちょっと高速道路を運転する自信はないなあ」と答えるかもしれません。高速道路の運転に慣れている人は「いいよ。行ってあげるよ」と快諾するかもしれません。

　つまり，自分一人で高速道路を運転できるかどうかという見通しをたて，それによって運転したり，しなかったりします。その見通しは同一個人でも状況によって変化し，たとえば，高速道路を一人では運転できないだろうという見通しをもった人も，自宅近くの慣れた道路では運転できるだろうという見通しをもちます。このように，人はその行動ができる可能性が高いと感じれば，その行動を行うでしょうし，低いと感じれば行わないでしょう。このような，自分がその行動を遂行できる可能性がどの程度あるかの見通しのことをセルフ・エフィカシー（self-efficacy）もしくは自己効力感といいます。

　ところで，セルフ・エフィカシーには2つのタイプがあります。第一のタイプは，具体的な「その行動」に対するセルフ・エフィカシーです。たとえば「高速道路を運転する」行動のように，ある人には当たり前のようにその行動ができても，ある人にはセルフ・エフィカシーの高低（強弱）によって，その行動をする・しないが左右されます。このタイプのセルフ・エフィカシーは，繰り返しや練習などによって高くなったり，低くなったり，変化します。

　第二のタイプは一般的な日常行動全般に関するセルフ・エフィカシーで，一般性セルフ・エフィカシー（generalized self-efficacy）といいます。第一のタイプが一つひとつの「その行動」を対象とするのに対し，この第二のタイプは，その人の日常行動全般を対象とします。つまり，一般性セルフ・エフィカシーは広くその人の行動に全般的にわたって影響を与えるのです。たとえば，何をするにしても自信たっぷりな人や，その反対に何に対しても自信がなく消極的な人を見かけることがありますが，これらの人は自分の行動全般に関するセルフ・エフィカシーが高い人，もしくは低い人であるといえます。このように，

一般性セルフ・エフィカシーの高い・低いには個人差があり，これが日常行動における個人差の要因の1つ，すなわち性格特性の1つと考えられます。

ここでは，自分の一般性セルフ・エフィカシーを実際に測定してみましょう。

やりかた

表D1-1の質問項目について，今の自分に当てはまる場合には「はい」を，当てはまらない場合には「いいえ」を○で囲んで下さい。どちらでもないと考えられるときでも，より自分に近いと思うほうに必ず○をつけることとします。どちらが正しいということはないので，深く考えずに回答して下さい。

表D1-1　一般性セルフ・エフィカシー尺度（坂野・東條，1993）

No.	項目	
1.	何か仕事をするときは，自信をもってやるほうである。	はい・いいえ
2.	過去に犯した失敗やいやな経験を思い出して，暗い気持ちになることがよくある。	はい・いいえ
3.	友人よりすぐれた能力がある。	はい・いいえ
4.	仕事を終えた後，失敗したと感じることのほうが多い。	はい・いいえ
5.	人と比べて心配性なほうである。	はい・いいえ
6.	何かを決めるとき，迷わずに決定するほうである。	はい・いいえ
7.	何かをするとき，うまくいかないのではないかと不安になることが多い。	はい・いいえ
8.	引っ込み思案なほうだと思う。	はい・いいえ
9.	人より記憶力がよいほうである。	はい・いいえ
10.	結果の見通しがつかない仕事でも，積極的に取り組んでいくほうだと思う。	はい・いいえ
11.	どうやったらよいか決心がつかずに，仕事にとりかかれないことがよくある。	はい・いいえ
12.	友人よりも特にすぐれた知識をもっている分野がある。	はい・いいえ
13.	どんなことでも積極的にこなすほうである。	はい・いいえ
14.	小さな失敗でも人よりずっと気にするほうである。	はい・いいえ
15.	積極的に活動するのは，苦手なほうである。	はい・いいえ
16.	世の中に貢献できる力があると思う。	はい・いいえ

結果の整理

まず最初に，1，3，6，9，10，12，13，16の各項目については，「はい」に○がついたときに1点を与え，「いいえ」に○がついたときには0点とします。次に，2，4，5，7，8，11，14，15の各項目については，「いいえ」に

○がついたときに1点を与え，「はい」に○がついたときには0点とします。最後に，全項目の得点を合計します。これがセルフ・エフィカシー得点です。

セルフ・エフィカシー得点が算出されたら，それを表D1-2にあてはめ，自分の一般性セルフ・エフィカシーの程度が「1」（非常に低い）～「5」（非常に高い）のどの段階であるかを判定して下さい。

表D1-2　一般性セルフ・エフィカシー尺度の5段階評定点
（坂野・東條，1993）

	セルフ・エフィカシー得点				
成人男性	～4	5～8	9～11	12～15	16
成人女性	～3	4～7	8～10	11～14	15～
学　生	1	2～4	5～8	9～11	12～
5段階評定点	1	2	3	4	5
セルフ・エフィカシーの程度	非常に低い	低い傾向にある	普通	高い傾向にある	非常に高い

結果の解説

　一般性セルフ・エフィカシーの高さ（または強さ）によって，日常行動でどのような違いが見られるのでしょうか。一般性セルフ・エフィカシーは，「行動の積極性」「失敗に対する不安」「能力の社会的位置づけ」という3つの因子（要素）から構成されています（坂野・東條，1993）。第一の「行動の積極性」は，セルフ・エフィカシーが高いほど日常の行動傾向が積極的で，課題達成のために大きな努力を払い，反対に低いほど消極的になることを意味しています。第二の「失敗に対する不安」は，セルフ・エフィカシーが高ければ過去の失敗にとらわれず，低ければ過去の失敗経験にこだわり，不安あるいは憂うつな気持ちになる傾向が強いことを意味しています。第三の「能力の社会的位置づけ」は，セルフ・エフィカシーが高いほど，社会的な場面に関連して，自分自身に高い評価を与えることを意味しています。

　要するに，一般性セルフ・エフィカシーが高い人は失敗にとらわれることなく，あらゆることに積極的，意欲的で，自信をもって取り組み，その反対に，低い人はたとえ能力があっても自信をもって臨むことができず，ささいな失敗でも不安になり，積極的・意欲的な行動をとれないといえます。

また，一般性セルフ・エフィカシーと他の種々の個人的な特徴との間には，以下のようなさまざまな関係があることがわかっています。

第一に，困難な場面に遭遇したときの行動の違いとなってあらわれます。一般性セルフ・エフィカシーが低いと，あきらめが早く，自己を過小評価し，劣等感を感じ，意欲が減退するなど，抑うつ傾向に陥りやすくなります。その反対に一般性セルフ・エフィカシーが高いと，抑うつ傾向に陥りにくく，問題解決行動に積極的に取り組み，困難を感じたときでも自分の意志，努力によって将来に展望をもつという時間的展望にすぐれています。

第二に，一般性セルフ・エフィカシーが高いと，自分にかかわる出来事は自分でコントロールしているという統制感をもちます。とくに，自分の行動は努力や自己決定の結果であるという意識が高く，何にでも努力しようとする態度がみられます。

第三に，ストレスに対する対処行動に違いが見られます。一般性セルフ・エフィカシーが高いと，ストレス反応（不眠などの身体的反応，不安，怒りなどの心理的反応）を軽減するような対処行動（たとえば，スポーツをする，だれかに相談するなど）を積極的にとるようになります。

以上のことから，一般性セルフ・エフィカシーは，積極的・意欲的な行動傾向の他に，広い意味での精神的な健康と密接な関係があることがわかるでしょう。

学習課題

あなたが希望する職業に必要なスキルを考えられるだけあげ（たとえば看護師だったら，笑顔で接する，注射するなど），その一つひとつについて自分はどれくらいできるかの見通しを，0＝（まったくできないだろう）から4（＝絶対にうまくできるだろう）までの5段階で評価し，その職業に対する適性を考察してみましょう。

坂野雄二・東條光彦　1993　セルフ・エフィカシー尺度　上里一郎監修　心理アセスメントハンドブック　西村書店　pp. 478-489.
坂野雄二・前田基成（編著）　2002　セルフ・エフィカシーの臨床心理学　北大路書房

D2　学生の勉強と適応

問　題

「君は努力はしてるのに，結果が出ないタイプだね。」

あなたは，高校時代の先生にこう言われたことはないですか。学生の勉強の様子を見ていると，まじめに授業に出て，ノートもしっかりとっているようだが，テストしてみるといい点がとれない，そんな人が確かにいます。「勉強が手につかない」「勉強しなくては，と思うけどどうも要領が悪くてだめだ」「雑念が浮かんできて，時間のわりには思うようにはかどらない」「テストのときになると，実力が発揮できなくなってしまう」・・・そんな悩みをかかえている人は意外に多いものです。

大学などでの勉強の要領がつかめないとか，難しくてついていけないという悩みは，多くの学生が共通してかかえている問題です。宇田（1989）が大学2年生以上を対象に行った調査によると，「勉強の要領がよくわからない」と答える学生はかなり多いのです。とりわけ，「レポートの課題が出ても，書き方がわからず途方にくれる」と答えた人は，2年生では61％もいましたが，3年生では51％，4年生では32％と少なくなっていました。逆に，「課題レポートの作成に必要な文献を自分で探し出せる」人は，3年生では65％，4年生では78％ですが，2年生で肯定した人は46％にとどまりました。

この結果からただちに，「学年が進むにつれてレポートの書き方がわかるようになっていく」とはいえないでしょう。この調査では，実際のレポート作成技能の優劣は確かめていないのです。しかし，恐らく繰り返してレポートを書く経験を積むと，次第に自信がついていくのではないでしょうか。

高校までの勉強と大学の勉強とでは，かなり質的にも違ってきますから，最初のうちはとまどうこともあるでしょう。でも，上の調査の結果にあるように，学年が進むにつれて，勉強のやり方が次第にわかっていくようです。先輩たちはどんなやり方をしているのか，教えてもらうのもいいでしょう。

この章では，学生の勉強の仕方について調べてみましょう。

やりかた

ふだんの自分の勉強の仕方を思い出して，次の15個の質問に答えて下さい。「そう思う」場合は5，「ややそう思う」なら4，どちらでもなければ3，「あまりそう思わない」なら2，「そう思わない」なら1に○をつけます。

なお，この質問紙は，林・滝本（1981）が用いた質問をもとに，宇田（1989）が構成し，東海地方の大学生439名を対象として実施したものです。

表D2-1　学習適応尺度項目（宇田，1989より）

質問項目	そう思う	ややそう思う	どちらでもない	あまりそう思わない	そう思わない
1. あまり専門書を読む気になれない。	5	4	3	2	1
2. 試験時間内に，自分の考えをまとめることができる。	5	4	3	2	1
3. 困ったことがあっても，勉強はいいかげんにできない。	5	4	3	2	1
4. 教科書や教材を，よく読まない。	5	4	3	2	1
5. 文章表現が苦手なので，試験やレポートなどの進行が遅れる。	5	4	3	2	1
6. いろいろな空想が，勉強の妨げになる。	5	4	3	2	1
7. やっている課題やレポートを，手ぎわよく片付けていく。	5	4	3	2	1
8. 試験やレポートの時，何を書けばよいか，充分理解できる。	5	4	3	2	1
9. 身体のことが気になり，勉強に集中できない。	5	4	3	2	1
10. もっと深く学問がしたい。	5	4	3	2	1
11. 単位をとるためだけの勉強だ。	5	4	3	2	1
12. 落ち着きのなさ，気分の変化などのため勉強に集中できない。	5	4	3	2	1
13. ある科目と，他の科目の内容を関連づけて学習する。	5	4	3	2	1
14. 授業の要点をつかむことができない。	5	4	3	2	1
15. 試験というとイライラし，自分の力が充分発揮できない。	5	4	3	2	1

表D2-2 集計表

A 集中力	6	9	12	14	15	合計a	集中力の得点 ＝30－合計a ＝
B 要領のよさと自信	2	3	5	7	8	13	合計b＝要領のよさと自信の得点 ＝
C しらけ	1	4	10	11		合計c＝しらけの得点 ＝	

(注) 質問項目の5と10のみは, (6-x) の形に逆転する。

結果の整理

では，あなたの勉強の仕方について分析してみましょう。この質問紙は，A「集中力」，B「要領の良さと自信」，C「興味の喪失・しらけ」の3つの尺度からなっています。表D2-2に各尺度に含まれる項目の番号が示されていますから，項目の得点（1点から5点）を書き入れます。

A「集中力」の場合は，項目6，9，12，14，15の得点を記入し，合計を求めます。そして，集計表の通り30からその合計を引くと，「集中力」の得点になります。引き算をするのはなぜか，項目をよく見てください。6「いろいろな空想が勉強の妨げになる」，9「身体のことが気になり，勉強に集中できない」ですね。つまり，このままでは「集中力のなさ」の得点になるので，逆転してわかりやすくしているわけです。

B「要領のよさと自信」とC「興味の喪失・しらけ」の場合も，各項目の点数を加算していきます。ただし，項目5，10の得点だけ逆転して加えることに注意してください。つまり，この2項目だけは2点なら4点，5点なら1点という要領で逆にするわけです。こちらも，項目の内容を検討するとわかるのですが，これらの項目だけ，他の項目とは逆の方向を示しているからです。なお，B，Cの場合は，合計点がそのまま尺度得点となります。

結果の解説

では，これら3つの得点を解釈しましょう。表D2-3に得点分布が示されてい

表 D 2-3　得点の分布 （数字は点数）

尺　　度		ない方 (約7％)	ややない方 (約24％)	ふつう (約38％)	ややある方 (約24％)	ある方 (約7％)
A 集中力	男子	5～8	9～12	13～16	17～19	20～25点
	女子	5～8	9～11	12～15	16～19	20～25点
B 要領のよさ と自信	男子	6～12	13～16	17～20	21～24	25～30点
	女子	6～12	13～16	17～19	20～25	26～30点
C しらけ	男子	4～8	9～11	12～14	15～17	18～20点
	女子	4～7	8～10	11～13	14～16	17～20点

（注）　男子は上段（ゴチ），女子は下段の（イタ）数字を利用する。

ますので見てください。自分の数字がどのあたりに入るかを確かめてみましょう。たとえば，男子でAの得点が12点だとすると，勉強の際の集中力は，他の人たちと比べて「ややない」ことになります。同様に，女子でB「要領のよさと自信」の得点が26点あったとすると，かなり自信のある，要領のよいタイプだということになります。

　なお，A，Bの得点が高いほど，またCの得点が低いほど，「学習適応性」は高いといえるでしょう。言い換えると，集中力があり，要領がよく，自信があって，勉強に対する興味を失っていない人，ということになります。

　もとの調査では17個あった項目を因子分析し，3つの因子を抽出しました。性差が見られたので男女別に結果をまとめてあります。概して女子のほうが学習に対する適応性が高く，男子のほうが低い傾向にあります。また，これらの学習適応性尺度の得点は，勉強する程度とも相関関係にあり，よく勉強するタイプほど適応性が高い傾向にあります。

学 習 課 題

　これまでの自分の勉強の仕方をよく分析したうえで，今後取るべき改善策を，具体的に書いてみましょう。

林　潔・滝本孝雄　1981　大学生の学習習慣，学習態度の構造と性格傾向との対応　相談
　　学研究，**13**(2)，2，70-78.
宇田　光　1989　大学生の勉強の仕方に関する実証的研究　松阪大学紀要，**7**，7-27.

D3　先延ばし

問　題

　みなさんは，やるべき物事があり，取り組む必要性を意識していながらも，その物事への取り組みをずるずると先延ばしにすることはありませんか。たとえば，試験勉強やレポート作成を「しなくてはいけない」と思っていながらも，期限の直前になるまで取り組まず，そのままにしてしまう。知人から来た手紙やメールに対し，「今日こそは返事を書こう」と思いながらも，何日も（もしかすると何カ月も）手をつけないでいる。そのような経験はないでしょうか。

　こうした，達成すべき取り組みがあるにもかかわらず，それを先延ばしにする行動は，心理学では"先延ばし（Procrastination）"と定義されています。この先延ばしは，ある程度は誰でも経験しているものです。しかしながら，過度に行われるにつれて，学校生活や社会生活に望ましくない影響を及ぼすことが指摘されています。たとえば，課題の質の低下や心身への余計な負担の増加につながりやすくなることが報告されています。

　そこで，本章では，自己理解の一貫として，あなた自身の先延ばし傾向を測定してみることにしましょう。ここでは先延ばし尺度として，General Procrastination Scale 日本語版（林，2007）を用います。この尺度に回答することにより，あなたがどれくらい先延ばしをしやすいのかがわかります。

やりかた

　先延ばし尺度は，表D3-1の13の質問項目から構成されています。それぞれの質問項目に対し，あなた自身にもっとも適切だと思う回答に○をつけてください。回答は，1.「あてはまらない」，2.「だいたいあてはまらない」，3.「どちらともいえない」，4.「だいたいあてはある」，5.「あてはまる」の5つの選択肢から選んでください。

結果の整理

　表D3-2の計算表を用いて，先延ばし尺度の結果を整理します。
　第一に，逆転項目である項目6，8，11，13の得点を反転させます。本尺度

表D3-1 General Procrastination Scale 日本語版（林，2007）

	あてはまらない	だいたいあてはまらない	どちらともいえない	だいたいあてはまる	あてはまる
1. もっと前にやるはずだった物事に取り組んでいることがよくある	1	2	3	4	5
2. 手紙を書いた後，ポストに入れるまでに数日かかる	1	2	3	4	5
3. そう大変ではない仕事でさえ，終えるまで何日もかかってしまう	1	2	3	4	5
4. やるべきことを始めるまでに，時間がかかる	1	2	3	4	5
5. 旅行する際，適切な時間に空港や駅に到着しようとして，いつも慌しくなってしまう	1	2	3	4	5
6. どたんばでやるべきことに追われたりせず，出発の準備ができる	1	2	3	4	5
7. 期限が迫っていても，他のことに時間を費やしてしまうことがよくある	1	2	3	4	5
8. 期限に余裕をもって，物事を片付ける	1	2	3	4	5
9. どたんばになって，誕生日プレゼントを買うことがよくある	1	2	3	4	5
10. 必要なものでさえ，ぎりぎりになって購入する	1	2	3	4	5
11. たいてい，その日にやろうと思ったものは終わらせることができる	1	2	3	4	5
12. いつも「明日からやる」といっている	1	2	3	4	5
13. 夜，落ち着くまでに，すべき仕事をすべて終わらせている	1	2	3	4	5

表D3-2 General Procrastination Scale 得点計算表

1	2	3	4	5	6(*)	7	8(*)	9	10	11(*)	12	13(*)	合計(*)

（＊） 項目6，8，11，13は逆転項目のため，反転後の得点を用いて合計を算出する。

で測りたい内容が先延ばし傾向の"高さ"であるにもかかわらず，この4項目は先延ばし傾向の"低さ"を測っています。そのため，この4項目は，6から「もとの得点」を引き，得点を反転させます（もとの得点が1の場合は5に，2の場合は4に，3の場合は3に，4の場合は2に，5の場合は1になります）。そして反転後の得点をそれぞれ表D3-2に書き込みます。第二に，反転項目ではない9項目の得点を，表D3-2にそのまま書き写します。第三に，計算表の各得点を足し，合計点を算出します。合計点があなたの先延ばし傾向を示す

得点です。

結果の解説

　表D3-3に，大学生と専門学校生の平均値および標準偏差を男女別で示しました。男女間では，先延ばし傾向に差が見られませんでしたが，専門学校生と大学生の間には統計的に有意な差（E2を参照）が示されました。これは専門学校生の方が，大学生に比べ，先延ばし傾向が低いことを示しています。この理由として，学校側の制度や目的の違い，学生側の意欲や時間の使い方の違いなど，いろいろな要因を考えることができるでしょう。是非考察してみてください。

　さて，続いてあなたの先延ばし傾向を検討してみましょう。基準点とあなたの得点を比較することで，あなたの先延ばし傾向の相対的な位置を把握することができます。基準点は，表D3-3の平均値と標準偏差から計算します。まず，あなたが該当するグループの「平均値±標準偏差」と「平均値±（標準偏差×2）」を算出してください。そして，その4つの基準点とあなたの得点を比較します。もしあなたの得点が「平均値＋標準偏差」以上であれば，あなたの先延ばし傾向はそのグループの上位約16％に含まれることになります。また，あなたの得点が「平均値－標準偏差」以下であれば，下位約16％に含まれます。同様に，「平均値＋（標準偏差×2）」以上であれば上位約2.3％，「平均値－（標準偏差×2）」以下であれば，下位約2.3％に含まれることになります。大学生の女性の場合，「51.38」と「34.20」が上下約16％の基準点，「59.97」と「25.61」が上下約2.3％の基準点となります。

　あなたの先延ばし傾向はどの程度だったでしょうか。先延ばしはそれ自体が必ずしも悪いものではありません。たとえば，計画性のある積極的先延ばしは，

表D3-3　先延ばし傾向の平均値と標準偏差（（　）内は人数）
（林，2007，にさらにデータを加えて計算）

	大学生		専門学校生	
	男性(143)	女性(125)	男性(36)	女性(36)
平均値	44.36	42.79	40.47	40.78
標準偏差	9.04	8.59	8.70	9.56

否定的な影響が見られないばかりではなく，効率的な側面も有すると考えられています。しかしながら，一般的には，先延ばしが過度に行われるにつれて，あなた自身に悪影響が生じる可能性は高まります。そのため，あなたの先延ばし傾向が高かった場合には，自らの先延ばしによって，あなたにどのような影響が生じているかを検討してください。もし課題のでき具合や心身の健康などに望ましくない影響を及ぼしている場合には，先延ばしを減らしてみる価値があるかもしれません。その際には，先延ばしの理由を検討することが有効です。完全主義によるのか，課題遂行の難しさを過度に見積もりやすいためなのか，時間管理が苦手なのか，などさまざまな可能性を考えてみましょう。また，先延ばしを克服するための工夫を専門書で学ぶことや，先生やカウンセラーなどに相談してみることも，あなたを支える有効な手段の1つとなるでしょう。

学習課題

先延ばし傾向の高い人が，実際に先延ばしをしやすいのかを検討してみましょう。手順は以下に示します。まず表D3-1の尺度を自分以外の複数人に回答してもらいます。その際「1週間以内に回答し，終わり次第，私に返却してほしい」と伝えて，尺度を渡してください。次に，渡してから返却されるまでに要した期間（日数もしくは時間）を記録しておきます。そして，それぞれの人の尺度の得点と実際に要した期間を比べてください。先延ばし傾向を示す得点が高い人ほど，尺度の回答に対しても，実際に先延ばしをしがちなため，尺度返却までに要する期間が長くなることが予想されます。予想どおりになったかを，複数人の結果を比較・検討してください。その際「尺度の得点」と「期間」の相関係数を算出することで，より厳密な検討が可能です。関心のある方は，本書補章の相関係数の解説および専門書を参考にしてください。

林潤一郎　2007　General Procrastination Scale 日本語版の作成の試み──先延ばしを測定するために　パーソナリティ研究, **15**, 246-248.

D 4　職業志向

問　　題

　「キケン」「キタナイ」「キツイ」，これらは最近の若者から敬遠される仕事の条件，といわれています。皆さんの場合は，どのような条件を重視して職業を選ぼうとしているのでしょうか。

　職業や仕事に何を求めているか，すなわち，「仕事の条件やその結果に対する期待や好み」を，心理学では職業志向（job orientation）とよんでいます。そして，この職業志向が，就職後，実際にどの程度満たされるかによって，職業生活に対する満足度が決定されると考えられます。つまり，個人が職業に対していだいている期待や好みと，実際の仕事内容や職場の条件が一致しているときに，人はより大きな満足感を得ることができるというわけです。

　今ここに，給料の高さを重視しているAさんと，仕事のやりがいを重視しているB君がいて，2人とも同じ「給料は安いがやりがいのある仕事」をしていると仮定してみましょう。さて，仕事に対する2人の満足度はどうでしょうか。当然，Aさんは不満を感じ，B君は満足しているにちがいありません。このように，人はそれぞれ異なる職業志向をもっているので，同じ仕事に就いたとしても，それぞれの満足感は異なるものとなります。したがって，一般的に人気のある職業だからといって，あなた自身がその職業に心から満足できるとは限らないのです。

　あなたにとって，より満足のいく職業生活を実現させるために，職業に対するあなた自身の期待や好みをしっかりと把握し，それらが達成できそうな職種や職場を選ぶことが大切です。そこで，この章では自分の職業志向を測定し，自分が仕事に何を求めているかということについて理解を深めましょう。

やりかた

　あなたが将来就きたいと望んでいる職業には，次のページにあげられた条件や機会が，どの程度備わっている必要があると思いますか。該当するところの番号を○で囲んでください。

このような条件や機会は	普通以下	普通に あってほしい	普通以上に あってほしい	かなりたくさん あってほしい	非常にたくさん あってほしい
1. 仕事の内容が，複雑で変化に富んでいること	1	2	3	4	5
2. みんなから，したわれ尊敬されること	1	2	3	4	5
3. 高い給与やボーナスを得る機会	1	2	3	4	5
4. 社会的に恵まれない人々のために，役に立つこと	1	2	3	4	5
5. 人間の可能性や能力について，深く知る機会	1	2	3	4	5
6. 自己の創造性や独創性が，十分発揮できること	1	2	3	4	5
7. 困っている人や，年下の者の相談に応じたり，アドバイスすること	1	2	3	4	5
8. 勤め先が安定していて，世間で評判がよいこと	1	2	3	4	5
9. 親切で，思いやりのある人間関係をつくり上げる機会	1	2	3	4	5
10. 人々が自己の可能性を十分発揮できるよう，援助し指導すること	1	2	3	4	5
11. 困難な仕事に挑戦したり，責任のある仕事がまかされる機会	1	2	3	4	5
12. 人々との間に，お互いに教え，教えられる関係を発展させること	1	2	3	4	5
13. 勤務時間が短く，休日が多いこと	1	2	3	4	5
14. 人間の意識や行動について，研究したり理解を深める機会	1	2	3	4	5
15. 国際的な交流や，取り引きに関する仕事をする機会	1	2	3	4	5
16. みんなから信頼され，頼りにされること	1	2	3	4	5
17. 仕事を通じ，自分自身が学び成長すること	1	2	3	4	5
18. 人々のもつ悩みや問題について，研究したり知識を深めること	1	2	3	4	5
19. 勤務先への，通勤が便利であること	1	2	3	4	5
20. あることについて専門的知識を深め，それを他の人々に伝達すること	1	2	3	4	5
21. 他の人々と，表面的ではない，心からのつながりをもつ機会	1	2	3	4	5
22. 仕事の専門性が高く，誇りをもてること	1	2	3	4	5
23. 人々が学び成長するのを，はげましたり，援助すること	1	2	3	4	5
24. 最先端の技術や情報に接し，それらを実用化すること	1	2	3	4	5
25. 人間の生き方や，人生の目的について考える機会	1	2	3	4	5
26. 専門的知識を深め，それを通じて他の人々を援助すること	1	2	3	4	5
27. 職場の環境が快適で，厚生施設が充実していること	1	2	3	4	5
28. 何かを発明したり，発見したりするチャンスがもてること	1	2	3	4	5

結果の整理

ここで用いた職業志向尺度は，人間関係志向，職務挑戦志向，労働条件志向という3つの下位尺度から構成されています。

人間関係志向とは，人間そのものへの関心が強く，人にかかわる仕事を志向し，上司や同僚との間によりよい人間関係を望む姿勢をあらわします。職務挑

戦志向は，仕事のやりがいを求める気持ちのことで，専門性，複雑性，自律性，創造性などを発揮する機会を期待する程度をあらわします。労働条件志向は，給与，休日，通勤，厚生施設など，職場の環境条件がよいことを期待する程度をあらわしています。

以下の手順で，結果を整理しましょう。○で囲んだ数値が，そのまま各項目の得点となります。

①整理表の項目番号に基づいて，項目得点を転記してください。
②3つの下位尺度ごとに，合計得点を計算しましょう。
③下位尺度ごとに，合計得点を項目数で割り，平均得点を計算しましょう。

人間関係志向 （14項目）	2	4	5	7	9	10	12	14	16	17	18	21	23	25	合計	平均
職務挑戦志向 （9項目）	1	6	11	15	20	22	24	26	28	合計	平均					
労働条件志向 （5項目）	3	8	13	19	27	合計	平均									

結果の解説

さて，皆さんは，人間関係志向，職務挑戦志向，労働条件志向のうち，どの志向性をより強くもっていましたか。自分の職業志向の特徴を理解するためには，3つの下位尺度の平均得点を比較してみるとよいでしょう。平均得点の高さが，志向性の強さを意味しています。そこで，自分の職業志向を，現代の一般的な大学生のデータと比較してみましょう。表D4-1は，東海地区の大学1年生2,020名（男子1,312名，女子708名）の職業志向得点を，学部別に記したものです。ただしここでは，3つの下位尺度ごとの合計得点を用いています。

この表から，どの学部の学生が，どのような職業志向をもちやすいかを，把握することができます。まず，人間関係志向については，教育学部がもっとも高く，ついで医学部，人文学部の順になっています。これまでの研究によれば，人間関係志向的であることと，教育的職業（教師，カウンセラー，ケースワーカーなど）や芸術的職業（音楽家，著述家，演出家など）への関心の強さには関連が見られます。人間関係志向得点の高い人は，ここにあげた仕事のように，

表D4-1 学部別にみた職業志向得点 (若林ら, 1986より作表, ( ) 内は標準偏差)

職業志向＼学部(人数)	教育(887)	人文(138)	文(54)	法(103)	経(99)	理(106)	農(147)	工(421)	水産(16)	医(59)
人間関係志向(14項目)	50.81(10.49)	47.38(10.43)	44.15(9.94)	44.30(10.67)	41.65(9.94)	42.81(9.92)	43.19(10.74)	42.11(9.96)	41.16(8.96)	48.88(12.13)
職務挑戦志向(9項目)	26.20(6.31)	28.55(6.28)	26.81(6.77)	27.79(6.53)	27.22(6.62)	28.85(6.43)	29.41(7.32)	31.38(6.23)	30.69(4.57)	31.31(6.73)
労働条件志向(5項目)	15.26(4.55)	15.62(4.54)	13.54(4.62)	15.69(4.66)	16.20(4.66)	13.53(3.79)	15.46(4.74)	16.00(4.43)	15.44(3.22)	15.81(4.39)

直接人間を相手にする仕事や,人間への興味に基づく仕事に向いているといえるでしょう。

職務挑戦志向については,工学部,医学部の学生の得点が高く,教育学部では得点が低くなっています。職務挑戦志向的であることと,技術的職業領域や研究的職業領域への興味の強さには関連があるといわれています。高度の専門知識を必要とする仕事に就こうとする人にとって,職務挑戦志向の強さは欠かせないでしょう。

最後に,労働条件志向について見てみると,理学部と文学部以外の学部では,全般的に高めの得点となっています。労働条件への志向は,実際的職業(公認会計士,税理士など)や指導的職業(実業家,政治家,市民運動の指導者など)への関心の強さと関連するといわれており,この得点が高い人は,就業時間や収入の点で自己裁量のきく仕事が向いていると考えられます。

以上のように,職業志向は大学の専攻とすでに何らかの関連を示していますが,さらに就職までの間に,自分が職業に何を求めているかをより明確にすると同時に,さまざまな職業についての実状を知ることも重要でしょう。

学 習 課 題

職業志向尺度の28項目中,あなたにとって特に重要だと思われる項目を5つ選び,どんな職業がそれらの条件や機会を満たすかを調べてみましょう。

若林 満・和田 実・中村雅彦・斉藤和志 1986 東海地区国立大学新入生の進路意識に関する研究 名古屋大学教育学部紀要(教育心理学科), **33**, 247-278.

D5　生き方——私生活主義傾向——

問　題

　あなたは，どのような生き方をしたいと思っているでしょうか。日頃どのような生活スタイルを送っているのでしょうか。家族，大学の友人，アルバイト先の人々などと気持ちの行き違いを感じることはありませんか。社会生活を送っていくうえで，自分を打ち出し，主張していくことと，友人や周囲の人々に親切にし，全体のことを考えることとは，「自分勝手であると思われたくない，しかし自分の気持ちも大切にしたい」というように，ともすればぶつかりやすいものです。ここでは，「自分の生き方」を「自分自身の生活を重視する（私生活主義）」という視点から確かめてみて，お互いに比べてみましょう。そこを出発点にして，友人との間，家族との間の新しい関係が築かれるかもしれません。

やりかた

　以下の項目で示した意見や感じ方に「非常に賛成」の場合は5，「賛成」の場合は4，「賛成とも反対ともいえない」場合は3，「反対」の場合は2，「非常に反対」の場合は1を○で囲んでください。

結果の整理

　ここに示した35の項目は表D5-1に示したように3つの尺度の下位項目に分けられます。各尺度に割り当てられた項目の記号をそれぞれの規準に従って点数に置き換え，対応する欄に書き入れましょう。第Ⅰ尺度は「脱規範」，社会のルール，ときには伝統的な社会ルールから自由であろうとする傾向を表します。項目の表現は意味が逆になっていますので，85から得点を足した点を引き算します。第Ⅱ尺度は「私的利益への排他的関与」，身近な事象への関心と社会事象への無関心を示します。第Ⅲ尺度は「自分自身の感覚や実感の重視」，自分の気持ちや感覚に忠実であろうとする傾向を示します。尺度ごとに得点の合計値を算出し，項目数で割ります。これらがあなたの第Ⅰ尺度から第Ⅲ尺度の尺度得点となります。

	非常に賛成	賛成	賛成ともいえ反対ともいえない	反対	非常に反対
1. 働くことや勉強することは最小限にして，自由な生活を楽しみたい。	5	4	3	2	1
2. 先輩と後輩の上下関係はいつも守らなければならない。	5	4	3	2	1
3. 自分で納得のいかないことはしたくない。	5	4	3	2	1
4. 授業中は，授業に関係のないことをしてはいけない。	5	4	3	2	1
5. 生徒会や（学生）自治会の活動を真剣にすると自分の損になる。	5	4	3	2	1
6. 親や先輩など目上の人の意見には従ったほうがよい。	5	4	3	2	1
7. 遅刻や欠席をしないことは大切なことである。	5	4	3	2	1
8. 趣味をもたずに生きるのはつまらない。	5	4	3	2	1
9. 家庭では，父親がすべての実権を握るのが望ましい。	5	4	3	2	1
10. いつでも自分の気持ちに素直に行動すべきだ。	5	4	3	2	1
11. 服装や髪型などについて校則で細かく決めるのは当然だ。	5	4	3	2	1
12. だまっていると損をするような場合は，必ず発言する。	5	4	3	2	1
13. 子どもは，親の言うことにさからうのはよくない。	5	4	3	2	1
14. 自分一人が努力しても世の中はよくならない。	5	4	3	2	1
15. 先生の言うことにはさからわないほうがよい。	5	4	3	2	1
16. 長男が家を継ぐのは当然だ。	5	4	3	2	1
17. 何事も自分でやってみなければわからない。	5	4	3	2	1
18. 先生には，いつも敬語を使わなければならない。	5	4	3	2	1
19. 自分のプライバシーは侵されたくないし，人のプライバシーも侵したくはない。	5	4	3	2	1
20. 子どもは，親を尊敬すべきだ。	5	4	3	2	1
21. ボランティア活動や奉仕活動などに興味や関心はない。	5	4	3	2	1
22. たとえ自分の考えと合わなくても，学校の規則は守らなければならない。	5	4	3	2	1
23. まじめに勉強することはもっとも大事なことである。	5	4	3	2	1
24. 自分の考えと合わなければ，親の言うことでも従う必要はない。	5	4	3	2	1
25. 他人のために時間をとられたくない。	5	4	3	2	1
26. 日本の伝統や習慣は尊重すべきである。	5	4	3	2	1
27. 子どもは親孝行すべきである。	5	4	3	2	1
28. 自分のことに精一杯で，他人のことを考えるだけの余裕はない。	5	4	3	2	1
29. 他の人に指図されたからではなく，自分の意志で行動することが大切だ。	5	4	3	2	1
30. 結局，人のことは自分とは関係のないことだ。	5	4	3	2	1
31. 自分の気持ちをいつわって行動するのはいやだ。	5	4	3	2	1
32. この世の中では，義理やしきたりを重んずるのがもっとも大切である。	5	4	3	2	1
33. 自分が損をしてまで，皆のためにつくすのはバカげたことだ。	5	4	3	2	1
34. 何事も自分で確かめるまでは信用できない。	5	4	3	2	1
35. 個人の自由は尊重すべきである。	5	4	3	2	1

表D 5-1　生き方尺度の得点表

第Ⅰ尺度：脱規範（項目数＝17）																	
項目番号	2	4	6	7	9	11	13	15	16	18	20	22	23	24	26	27	32
得点																	
						85－得点＝合計							合計		平均		

第Ⅱ尺度：私的利益への排他的関与（項目数＝8）									
項目番号	1	5	14	21	25	28	30	33	合計　　平均
得点									

第Ⅲ尺度：自分自身の感覚や実感の重視（項目数＝10）										
項目番号	3	8	10	12	17	19	29	31	34	35　合計　平均
得点										

結果の解説

　ここで取り上げた3つの尺度は大学生の基礎的な調査に基づいて作られました（久世ら，1987）。これらはいずれも「自分自身」を基礎にして「生き方」を組み立てる傾向を示しています。それを「私生活主義的傾向」と表現することもあります。いずれの尺度得点も，このような傾向が強い場合に数値が大きくなるようになっています。あなたの3つの尺度得点のうち，もっとも高かったのはどれでしょうか。周囲の人々とも結果を比べてみましょう。

　表D5-2に示したのは男女大学生から得られた結果です。平均値が一番高かったのは第Ⅲ尺度「自分自身の感覚や実感の重視」でした。男子と女子とを比較すると，第Ⅱ尺度「私的利益への排他的関与」には，男子が高く，女子は低い傾向が強くあらわれていました。尺度の基礎となっている項目が異なりますので直接には比較できませんが，参考のため，高校生の結果も掲げました。

　自分の生き方のよりどころとなっているのは，すでにある社会のルール，誰もがもっているとされる欲望の仕組み，自分自身の固有の実感のいずれでしょうか。このような自分のよりどころは人が，どこで育ち，どのような人々と関係をもっているかによっても異なると考えられます。直接的な関係維持（目の前の人のために行う判断）に基づく行動が重要視される場合，アサーション・

表D5-2 大学生の生き方尺度値 (久世ら, 1987より作成)

		男 N=437	女 N=484	合計 N=921
第Ⅰ尺度（脱規範）	平均値	2.98	3.05	3.02
	標準偏差	0.42	0.36	0.39
第Ⅱ尺度（私的利益）	平均値	2.99	2.71	2.84
	標準偏差	0.51	0.48	0.51
第Ⅲ尺度（感覚重視）	平均値	4.03	3.97	4.00
	標準偏差	0.38	0.36	0.37

表D5-3 高校生の生き方尺度値 (久世ら, 1987より作成)

		男 N=377	女 N=464	合計 N=841
第Ⅰ尺度（脱規範）	平均値	2.98	3.00	2.99
	標準偏差	0.46	0.42	0.44
第Ⅱ尺度（私的利益）	平均値	3.01	2.86	2.99
	標準偏差	0.54	0.47	0.51
第Ⅲ尺度（感覚重視）	平均値	3.95	3.92	3.93
	標準偏差	0.39	0.38	0.39

トレーニング（平木, 1993）にみられる自他の調和的な関係の構成など，さまざまな生き方の可能性について考えてみましょう。

学習課題

あなたがよく知っているスポーツ選手やタレント一人を想定して，この尺度に回答し，あなたの回答と比較してみましょう。またあなたの結果との違いを日常の社会生活全体と関係づけながら検討しましょう。

久世敏雄・宮沢秀次・二宮克美・和田 実・後藤宗理・浅野敬子・宗方比佐子・大野 久・内山伊知郎・鄭 暁斉 1987 現代青年の社会意識に関する研究 名古屋大学教育学部紀要―教育心理学科, 34, 25-29.

平木典子 1993 アサーション・トレーニング―さわやかな「自己表現」のために 日本・精神技術研究所

D 6　恋愛の類型

問　題

```
              Ludus
            (遊びの愛)
    Mania            Pragma
 (狂気的な愛)        (実利的な愛)
    Eros             Storge
  (美への愛)        (友愛的な愛)
              Agape
            (愛他的な愛)
```

図D6-1　Leeの恋愛関係の類型論（Lee, 1974より作成）

```
       Agape
       Mania
       Eros
         △
        /|\
       / | \
 Ludus   |  Pragma
       \ | /
        \|/
       Storge
```

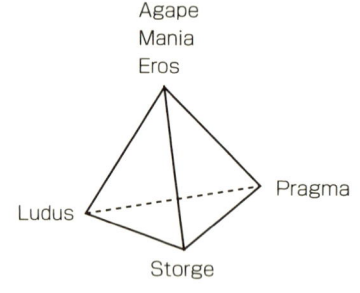

図D6-2　恋愛類型に関する三角錐モデル

恋愛にはいろいろな形があります。カナダの心理学者，リー（1974）は，恋愛をいくつかのパターンに分ける理論を提唱しています。彼は，文学や哲学書などから恋愛に関する4,000近くの記述を集めました。これらの記述を心理学や社会学などの専門家が分類しました。分類の結果に基づき，質問紙が作成され，カナダやイギリスの青年を対象にした面接調査が実施されました。調査の結果から，恋愛は図D6-1に示す6種の基本的類型とその混合型に分類されることが明らかになりました。リーは得られた類型を色相環になぞらえていますので，彼の理論は恋愛の色彩理論とよばれています。なお，松井（1993a）は図D6-2に示す三角錐モデルを提示しています。

　ヘンドリックらは，リーの理論に基づき，6つの類型を測定する質問紙を作成しています。松井ら（1990）は，ヘンドリックの尺度を原型として，日本人学生を対象にした質問紙（LETS-2, Lee's love Type Scale 2nd version）を発表しています。LETS-2は6種の類型尺度を用いて恋愛類型を測定していますが，ここではそのうちの2種の類型の尺度を紹介します。

やりかた

　質問紙の指示に従って，それぞれの項目に答え，あてはまる番号に○をつけてください。

課題

「恋人や好きな人もしくは，家族以外であなたにとってもっとも親しい異性」についてうかがいます。まず，その人に対するあなたの気持ちや行動についてうかがいます。以下の「彼（女）」のところにその人を当てはめて，文章それぞれにあてはまる番号に○をつけてください。

		よくあてはまる	少しあてはまる	どちらともいえない	あまりあてはまらない	あてはまらない
1S	私たちの，友情がいつ愛に変わったのか，はっきりとは言えない	1	2	3	4	5
2M	彼（女）が私を気にかけてくれないとき，私はすっかり気がめいってしまう	1	2	3	4	5
3S	私たちの友情は，時間をかけて次第に愛へと変わっていった	1	2	3	4	5
4M	彼（女）が誰かほかの人とつきあっているのではないかと疑うと，私は落ち着いていられない	1	2	3	4	5
5S	私は彼（女）との友情を大切にしたい	1	2	3	4	5
6M	私は気がつくと，いつも彼（女）のことを考えている	1	2	3	4	5
7M	彼（女）が私以外の異性と楽しそうにしていると，気になって仕方ない	1	2	3	4	5
8M	彼（女）は私だけのものであってほしい	1	2	3	4	5
9M	彼（女）には，いつも私のことだけを考えていてほしい	1	2	3	4	5
10M	彼（女）とケンカをすると，不安や心配でやつれてしまう	1	2	3	4	5
11M	彼（女）からの愛情が，ほんのわずかでも欠けていると感じたときには，悩み苦しむ	1	2	3	4	5
12S	彼（女）との交際が終わっても，友人でいたいと思う	1	2	3	4	5
13S	彼（女）とは，友人関係から自然に恋人関係へと発展した（させたい）	1	2	3	4	5
14M	彼（女）のことを思うと，強い感情が突き上げてどうしようもなくなる	1	2	3	4	5
15S	長い友人づきあいを経て，彼（女）と恋人になった	1	2	3	4	5

次に，あなたの異性観や，恋愛に関する意見や経験についてうかがいます。以下の文章を読み，あなた自身にあてはまる番号をお答えください。

16S	最良の愛は，長い友情の中から育つ	1	2	3	4	5
17S	私がもっとも満足している恋愛関係は，よい友情から発展してきた	1	2	3	4	5

結果の整理

項目番号の後に「S」のついた8項目の回答の合計点を算出し，41から引いてください。これが，Storge 得点になります。次に，項目番号の後に「M」のついた9項目の回答の合計点を算出し，46から引いてください。これが，Mania

表D6-1　Lee (1974, 1977) の恋愛類型論における各類型の特徴 (松井, 1993a より引用)

名　称	特　徴
Mania (狂気的な愛)	独占欲が強い。嫉妬，憑執（ひょうせつ），悲哀などの激しい感情をともなう。
Eros (美への愛)	恋愛を至上のものと考えており，ロマンチックな考えや行動をとる。相手の外見を重視し，強烈な一目ぼれをおこす。
Agape (愛他的な愛)	相手の利益だけを考え，相手のために自分自身を犠牲にする事も，厭わない愛。
Storge (友愛的な愛)	穏やかな，友情的な恋愛。長い時間をかけて，愛が育まれる。
Pragma (実利的な愛)	恋愛を地位の上昇などの手段と考えている。相手の選択においては，社会的な地位の釣り合いなど，いろいろな規準を立てている。
Ludus (遊びの愛)	恋愛をゲームととらえ，楽しむことを大切に考える。相手に執着せず，相手との距離をとっておこうとする。複数の相手と恋愛できる。

表D6-2　Lee (1974, 1977) の恋愛類型論における各類型の例

名　称	例
Mania (狂気的な愛)	文学「嵐が丘」ヒースクリフ TV「牡丹と薔薇」の佳世
Eros (美への愛)	文学「ロミオとジュリエット」の二人 映画「タイタニック」主人公二人，マンガ「NANA」の小松菜々（ハチ）
Agape (愛他的な愛)	戯曲「夕鶴」のつう マンガ「ハチミツとクローバー」花本修司
Storge (友愛的な愛)	文学「赤毛のアン」アンとギルバート マンガ「みゆき」の若松まさととみゆき，「NANA」の淳子と京助
Pragma (実利的な愛)	TV「大和撫子」のなでしこ 文学「風と共に去りぬ」のスカーレット
Ludus (遊びの愛)	映画「００７」シリーズのジェームズボンド マンガ「右曲がりのダンディー」の主人公

得点になります。松井ら（1990）が首都圏6大学の学生1,092名を対象に行った調査結果によると，Storge 得点の平均は，男性17.94, 女性18.30, Mania 得点の平均は，男性20.22, 女性19.36となっています。自分の得点をこの平均と比べれば，自身の恋愛類型がわかります。

結果の解説

リーの6つの類型の内容は，表D6-1に示すとおりです。表D6-2には，2005年に学生があげた各類型の例を紹介してありますので，類型の意味を理解するためにあわせてご覧ください。リーの色彩理論によれば Mania と Storge は相性の悪い組み合わせになりますので，Mania が高い人と Storge が高い人の恋人たちは要注意ということになります。

学習課題

各類型の説明を読み，ドラマや文学作品やマンガなどに当てはめてみましょう。もし，うまく当てはまらない作品があれば，リーの色彩理論の内容に問題がないかを検討することができます。類型論の限界についても考えてください。

時間があれば，松井（1993b）に掲載されている LETS-2 の完全版に回答し，自分や周囲の人の恋愛の類型を測定してみてください。その結果を比較して，リーのモデルと松井のモデルのどちらが，妥当であるかを考えてみましょう。

松井　豊　1993a　恋愛行動の段階と恋愛意識　心理学研究，**64**(5), 335-342.
松井　豊　1993b　恋ごころの科学　サイエンス社
齊藤　勇（編）　2005　イラストレート恋愛心理学　誠信書房
他の引用文献は松井（1993b）を参照。

D7 アイデンティティの確立

問　題

　エリクソン（1959/1973）は，青年期とは「自分とは何か」の問に直面し，「自我同一性（アイデンティティ）達成対同一性拡散」の危機を乗り越えて，「これこそ自分だといえる自分」を主体的に確立する時期だとしました。

　思春期になると身体的・心理的・社会的状況が急激に変化し，それとともに自己への関心が高まります。しかしいざ自分に目を向けてみると，自分と思っていた自分が「与えられたもの」に過ぎず，「これこそ自分」といえるものがないことに気づきます。青年は「自分がない」「自分が何者なのかわからない」という不安（同一性拡散）と直面しながら，今までの自分を再検討し，本当の自分を模索するのです。青年期とは社会からの義務を免除されて本当の自分を模索することを許される時期，大人になるための心理・社会的な猶予期間（モラトリアム）なのです。そして自分にぴったりの生き方（それは自分らしさを生かし，かつ他者・社会からも期待される生き方であることが必要で，就職という形をとることが多いのですが）を選びとったとき，青年期の発達課題をクリアーし大人になるのです。

　エリクソンの自我同一性は，同一性拡散の青年との臨床的なかかわりから理論化された複雑で重層的な概念であるため，客観的な測定や尺度化は難しいのですが，マーシャは半構造化された面接によって危機とコミットメントの程度を評定し，同一性のあり方を類型化する方法を考案しています。危機は自分の生き方や可能性についての迷いや苦闘，コミットメントは「これこそ自分」という自分をもち自分の信念に基づいて行動していることをあらわします。それらの有無の組み合わせから表D7-1のような同一性地位が導きだされます。ここ

表D7-1　マーシャの自我同一性地位

	危機	コミットメント
同一性達成	経験した	している
モラトリアム	その最中	しようとしている
早期完了	していない	している
同一性拡散（危機前）	していない	していない
（危機後）	経験した	していない

D7 アイデンティティの確立　133

では加藤（1983）による質問紙によってあなたの同一性地位を見てみましょう。

やりかたと課題

次のことはあなたにどのくらいあてはまりますか。「まったくそのとおりだ」（6）から「全然そうではない」（1）までのどれか1つに○をつけてください。

	まったくそのとおりだ	かなりそうだ	どちらかといえばそうだ	どちらかといえばそうではない	そうではない	全然そうではない
①. 私は今，自分の目標をなしとげるために努力している。	6	5	4	3	2	1
2. 私には，とくにうちこむものはない。	6	5	4	3	2	1
③. 私は自分がどんな人間で何を望み行おうとしているのかを知っている。	6	5	4	3	2	1
4. 私は「こんなことがしたい」という確かなイメージをもっていない。	6	5	4	3	2	1
5. これまで自分について自主的に重大な決断をしたことはない。	6	5	4	3	2	1
⑥. 自分がどんな人間なのか，何をしたいのかということを，かつて真剣に迷い考えたことがある。	6	5	4	3	2	1
7. 親や周りの人の期待に沿った生き方をすることに疑問を感じたことはない。	6	5	4	3	2	1
⑧. 以前に，自分のそれまでの生き方に自信がもてなくなったことがある。	6	5	4	3	2	1
⑨. 一生懸命にうちこめるものを積極的に探し求めている。	6	5	4	3	2	1
10. これから環境に応じて何をすることになってもとくにかまわない。	6	5	4	3	2	1
⑪. 私は自分がどういう人間であり何をしようとしているのかを，今いくつかの可能な選択を比べながら真剣に考えている。	6	5	4	3	2	1
12. 私には自分がこの人生で何か意味あることができるとは思えない。	6	5	4	3	2	1

結果の整理

上記の12項目は，1～4が現在のコミット，5～8が過去の危機，9～12が将来のコミットへの希求の項目です。各4項目の合計点を出してください（その際○印がついた項目はそのまま，ついていない場合は6点→1点，1点→6点のように逆転させます）。

現在のコミット，過去の危機，将来のコミット，各合計点から図D7-1のように同一性地位が決められます。

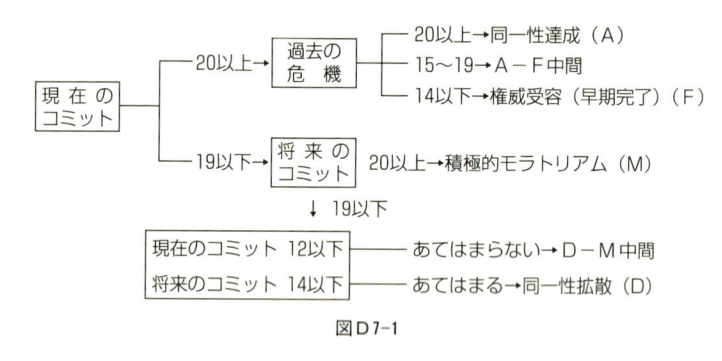

```
                              ┌─ 20以上 → 同一性達成（A）
             ┌─ 20以上 →[過去の危機] ─┼─ 15～19 → A－F中間
[現在の       │                    └─ 14以下 → 権威受容（早期完了）（F）
 コミット] ─┤
             └─ 19以下 →[将来のコミット]─ 20以上 → 積極的モラトリアム（M）
                              ↓ 19以下
                     ┌──────────────────┐
                     │ 現在のコミット 12以下 │─── あてはまらない → D－M中間
                     │ 将来のコミット 14以下 │─── あてはまる → 同一性拡散（D）
                     └──────────────────┘
```

図D7-1

解　説

同一性達成は，幼少期からの自分のあり方について確信がなくなり，迷い苦闘するという同一性の危機を経験したことがかつてあり，模索の後に自分のあり方を決めて，信念に基づいて行動している者です。エリクソンのいうアイデンティティを確立しているタイプといえます。

権威受容（早期完了）は，自分の可能性について迷い模索することなく，外からの影響のもとで形成された自分をそのまま生きている者で，両親や社会通念が支持するものを自分の信念として行動して，確かな自分を感じています。彼らは迷いや悩みもなく，予定された道を自分の道として社会に位置づく者で，青年期的な危機を経ずに「大人」になった者といえます。

積極的モラトリアムは，現在危機を経験している最中で，いくつかの選択肢について迷いながらコミットするものを獲得しようと積極的に努力しており，エリクソン流の青年期真最中の者といえます。

同一性拡散は，コミットすること―自分自身を選択・限定することを避けよ

うとする者で，マーシャの危機前と危機後の両者が含まれています。その状況に受け身的に陥ってしまう拡散症候群（たとえば，スチューデント・アパシー）がその典型ですが，それとは別に自らそのような生き方を選ぶ者—いわゆるモラトリアム人間もこれに該当します。彼らは自分を限定することを避けて，「自分探し」を続け，就職せずにフリーターになったりします。A—F中間型，D—M中間型は，それぞれ達成型と早期完了型，拡散型と積極的モラトリアム型の中間の場合です。

参考に10数年前と20数年前，最近の大学生のデータを表D7-2に示しました。どの時期においても，達成型は多くなく，拡散と積極的モラトリアムの中間型（D—M）が多いことが示されています。10数年前に比べると拡散型が減る傾向が見られます。かつては「自分を決めないあり方」はプラスのイメージもありましたが，最近は正規の雇用でないフリーターはマイナスイメージになってきていることと関連があるのかもしれません。

表D7-2　大学生の自我同一性地位（％）

	N	性	達成	A—F	早期完了	モラトリアム	D—M	拡散
1982年	140	女	13.6	8.6	2.1	15.0	57.1	3.6
	170	男	10.0	15.3	5.3	15.3	50.0	4.1
1993年	157	男	11.5	10.2	3.8	17.2	42.0	15.3
2004年	338	男女	13.6	12.7	3.6	8.6	56.8	4.7

1982年　加藤　厚（1983）　教育心理学研究，31，292-302.
1993年　石谷真一（1994）　教育心理学研究，42，118-228.
2004年　橋口誠志郎（2005）　桜美林大学大学院修士論文より作成．

学習課題

あなたの同一性地位は，いつ頃から今のようなものになったのでしょうか。他の型の人と何が違ったのか，あなたのどのような傾向・経験がそこに関与しているのか分析してみましょう。

今後，就職について真剣に考えるようになり，やがて就職されると思いますが，あなたの同一性地位はどのように変わるでしょうか。何年後かにもう一度やってみて自分の変化について考えてみてください。

鑪幹八郎・山下　格　1990　アイデンティティの心理学　講談社

D 8　思いやり

問　　題

　お母さんたちに「お子さんがどんな子どもに育ってほしいですか」と聞くと，「思いやりのある子」という答えが多く返ってきます。また，結婚適齢期にある若い人たちに「どんな異性が好きですか」と問うと，「思いやりのある人」「やさしい人」といった答えが上位に出てきます。「思いやり」をもって生活することが，現在の日本では求められています。

　では，「思いやり」とは，どういうことなのかを聞くと，どうもはっきりとした回答は得られません。「思いやり」についての心理学の研究では，次のような4つの特徴があると考えられています。

　①相手のためになる行動である。相手が困っているときに手助けするとか，お年寄りに電車の中などで席をゆずるといった，相手に利益があるような援助行動である。

　②お礼を期待して行動するものではない。本当に思いやりのある行動とは，最初からお礼を目当てにするものではない。そうした行動は，お礼がない場合には生じにくくなってしまう。

　③自分の側にある種の損失がともなっている。お年寄りに席をゆずるとか，募金活動に寄付するといったことは，自分の側の損失につながっている。

　④自発的になされる行動である。誰かに言われて，いやいやこうした行動をするのは，本当の意味でまだ相手のことを思ってとる行動とはいえない。

　このように，「思いやり」のある行動とは，自分から進んで，相手のためになる行動をし，客観的にみればある損失がともなっており，相手からのお礼を目的としない行動ということができます。

　思いやりのある行動には，実にさまざまなタイプの行動がありますが，そうした行動を気軽にとれる人とそうでない人がいます。ここでは，菊池（1985）により作成された「思いやり行動尺度」（大学生版）に回答して，あなたの「思いやり」の程度を調べてみましょう。

　また，発展課題として，各自が考える「思いやり」行動とはどういう行動なのかについて，2つの問に答える中で考えてみましょう。

やりかた

次にあげてあるいろいろな行動を，あなたはこれまでどの程度したことがありますか。「したことがない」から「もっとやった」の5つの中から選んで，それぞれあてはまる数字に○をつけてください。

	したことがない	一回やった	数回やった	しばしばやった	もっとやった
1. 列に並んでいて，急ぐ人のために順番をゆずる。	1	2	3	4	5
2. お店で，渡されたおつりが多かったとき，注意してあげる。	1	2	3	4	5
3. ころんだ子どもを起こしてやる。	1	2	3	4	5
4. あまり親しくない友人にもノートを貸す。	1	2	3	4	5
5. 気持ちのわるくなった友人を，保健室などにつれていく。	1	2	3	4	5
6. 友人のレポート作成や宿題を手伝う。	1	2	3	4	5
7. 列車などで相席になったお年寄りの話し相手になる。	1	2	3	4	5
8. 気持ちの落ち込んだ友人にデンワしたり，手紙を出したりする。	1	2	3	4	5
9. 何か探している人には，こちらから声をかける。	1	2	3	4	5
10. バスや列車で，立っている人に席をゆずる。	1	2	3	4	5
11. 酒に酔った友人などの世話をする。	1	2	3	4	5
12. 雨降りのとき，あまり親しくない友人でもカサに入れてやる。	1	2	3	4	5
13. 授業を休んだ友人のために，プリントなどをもらう。	1	2	3	4	5
14. 家族の誕生日や母の日などに，家にデンワしたりプレゼントしたりする。	1	2	3	4	5
15. 見知らぬ人がハンカチなどを落としたとき，教えてあげる。	1	2	3	4	5
16. 知らない人に頼まれて，カメラのシャッター押しをしてやる。	1	2	3	4	5
17. バスや列車で，荷物を網棚にのせてあげる。	1	2	3	4	5
18. 知らない人が落として散らばった荷物を，いっしょに集めてあげる。	1	2	3	4	5
19. ケガ人や急病人が出たとき，介抱したり救急車を呼んだりする。	1	2	3	4	5
20. 自動販売機や切符売機などの使い方を教えてあげる。	1	2	3	4	5

結果の整理

「したことがない」—1点，「1回やった」—2点，「数回やった」—3点，「しばしばやった」—4点，「もっとやった」—5点として，20項目の合計点を出してください。合計点は，20～100点の範囲です。

結果の解説

表D8-1 大学生の「思いやり行動」の得点（菊池，1998）

男子			女子		
学部	人数	$\bar{x}$ (SD)	学部	人数	$\bar{x}$ (SD)
教育	95	55.2(10.0)	教育	157	58.9(9.8)
経済	71	48.2(11.2)	経済	9	48.0(7.1)
理	35	53.3(10.8)	理	19	51.5(12.1)
工	73	55.0(13.3)	工	17	58.8(8.7)
			(看護)	27	51.5(7.4)
合計	274	53.1(11.5)	合計	231	56.9(11.0)

大学生505名の「思いやり行動」の得点を，表D8-1に示しました。すべての項目で，中間点の「数回した」と答えた場合には60点となります。男子全体の平均値が53.1，女子全体の平均値が56.9ですから，大学生の「思いやり行動」は案外低いことがわかります。男子では65点以上，女子では68点以上の得点の人は，かなり「思いやり」の程度が高い人といえます。逆に男子では41点以下，女子では46点以下の人は，「思いやり」の程度が低い人ということになります。

表の結果から，男子よりも女子の得点が高く，女子のほうが「思いやり」の程度が高いことがわかります。また，所属する学部によっても「思いやり」の程度が違っているといえます。

ところで，ここで調べたのは，「思いやり行動をどのくらいしたか」ということでした。「思いやり」行動をなぜするのかといった「思いやり」行動をしたりしなかったりする理由のほうが重要な問題であるとして，アイゼンバーグは，「思いやり」行動についての判断の発達過程を明らかにしています。それによれば，「思いやり」行動をする理由として，自分がそこから得るものがあるかどうかといった考え方から，相手の要求に気づく段階や周囲の人たちの目を気にする段階，相手の気持ちに共感する段階をへて，自分の中に内面化された価値や規範を問題にするといった段階へと発達していくというのです。

あなたが「思いやり」行動をとるとき，どういう考えがその理由となってい

るか，見直してみるとよいでしょう。
　なおホフマンは，共感性や罪悪感などが「思いやり」行動を引き起こす要因の1つであると指摘しています。

学習課題
　次の2つの問いについて，自由に思いつく回答を3つあげなさい。
　①相手がどんな行動をとったとき，「思いやり」のある人だと判断しますか。
　②「思いやり」のない行動とは，どんな行動だと思いますか。

〈解説〉学校の先生，看護師，社会人などに聞いた結果によれば，①に対する回答で一番多かったのは，「他人の立場に立って物事を考え，行動したとき」といった役割取得でした。次に，「困っている人などを助ける」という援助行動，続いて，気づかい・いたわりなどでした（二宮，1995）。
　②に対しては，「自分のことしか考えない」「わがままな行動をする」などの自分勝手・自分本位の行動をあげる回答が多く，続いて，「人のいやがる言動をする」といった心理的・身体的苦痛を与える行動や無視するなどの行動があげられていました。
　「思いやり」のある行動の内容が，人によって異なってとらえられていることもあります。思いやりのまったくない生活はとても耐えられないし，かといって親切の押し売りも困ったものです。今一度，相手の立場に立った「思いやり」をじっくり考える機会をもつようにしたいものです。

アイゼンバーグ，N. 二宮克美・首藤敏元・宗方比佐子（訳）1995 思いやりのある子どもたち——向社会的行動の発達心理——北大路書房
菊池章夫 1998 また／思いやりを科学する——向社会的行動の心理とスキル——川島書店
二宮克美・繁多 進（執筆代表）1995 たくましい社会性を育てる 有斐閣
ホフマン，M.L. 菊池章夫・二宮克美（訳）2001 共感と道徳性の発達心理学：思いやりと正義とのかかわりで 川島書店

補　章

E1　心理学の研究領域と研究法

研究の領域

現代の心理学では，さまざまなテーマが扱われます。そのため研究分野は膨大な広がりを見せています。

まず専門区分について見てみましょう。社団法人日本心理学会は，数ある心理学会の中でもっとも歴史の古い学会の1つです。約7,000名の会員数からなる大規模で権威のある学会です。その専門区分は次のようになっています。会員登録をした心理学研究者は，これらの中のいくつかの区分を手がかりにしながらお互いの研究活動や交流をしています。

表E1-1　日本心理学会の専門区分

第Ⅰ部門	知覚，生理，思考，学習
第Ⅱ部門	発達，教育
第Ⅲ部門	臨床，人格，犯罪，矯正
第Ⅳ部門	社会，産業，文化
第Ⅴ部門	方法，原理，歴史，一般

心理学の広がり

次の図E1-1は心理学の専門分野とその隣接科学についてまとめた図です。この図では，心理学は大きく実験心理学系，教育心理学系，臨床心理学系，社会心理学系に4分されています。実験心理学系は自然科学と隣接していますが，

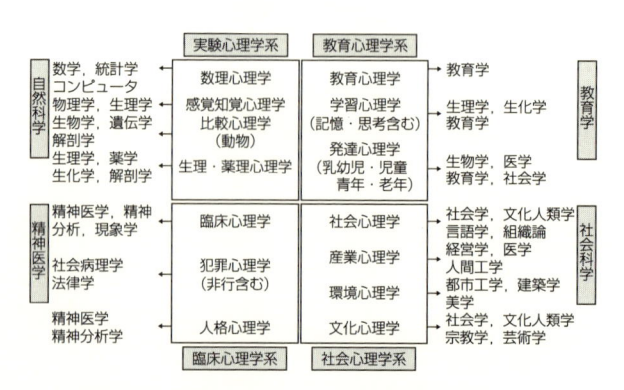

図E1-1　心理学の専門分野とその隣接領域（堀，1985）

以下，教育心理学系は教育学と，臨床心理学系は精神医学と，社会心理学系は社会科学と接点をもっていることをあらわしています。この図は心理学の体系をわかりやすく伝えるための一例です。近年ますます他領域との接点が増え，心理学の全体像も刻々と変わりつつあります。

心理学には，心理学でよく用いられる研究法や技法があります。次にそれを見てみます。

研究方法

心理学では，いろいろな研究方法を用いて研究を進めます。

よく使われる方法には，実験法，質問紙法，テスト法（心理検査法），面接法，観察法などがあります。

① **実験法**　行動や反応の原因と，そこから導かれる結果との因果関係を実証するために行われる方法です。原因側を独立変数（x），結果側を従属変数（y）といいますが，独立変数によって従属変数が影響を受けることを実証するには，実験室で研究することが多いので，実験法の多くは実験室実験として行われます。考え方は，物理や化学のような実験と似ています。

ところで，私たち人間の社会生活の諸行動を説明するには，実験室実験から得られた成果をそのまま当てはめることに無理が出ることがあります。そこで，「準実験」とよばれるような方法を使うこともあります。この準実験は，実験室の中というよりも，学校，会社，路上などの生活場面の中で実験的研究を行う方法として知られています。

② **質問紙法**　「あなたは人と話すのが好きですか」などといった質問文を，数十から数百項目集めて，それに対して回答を求める方法を質問紙法といいます。集めた回答結果を統計処理して分析します。一度に大勢の人に対して調査することができるので変数（あるいは要因）と変数の関係を検討するのに適しています。後（E-2）で述べる相関関係を調べるのによく使われます。

③ **テスト法（心理検査法）**　膨大な人数を対象にして事前に全体的な傾向や特徴を調べておいて，新規にテストを受ける人が全体の中でどのような傾向・特徴があるかを判定するために行う方法です。

テスト法には，性格検査（パーソナリティ検査），適性検査，知能検査などが

あります。性格検査の方法には，質問紙法(質問紙形式のテスト)，投影法，作業検査法，評定法などがあります。

④ **面接法**　面接をする人と面接を受ける人が対面して質疑や相談を行う方法です。その内容によって，治療的面接法と調査的面接法に分けることがあります。

治療的面接法では，面接を受ける人を来談者あるいはクライエント，面接をする人をカウンセラーといいます。心理学を専門にする人がカウンセラーであるとき，医者と区別して，その人を心理カウンセラーということがあります。心理カウンセラーの行為を心理カウンセリングといいます。

心理カウンセリングにはいろいろな技法があります。またクライエントが一同に集団になってカウンセリングを受けるときには，それをグループ・アプローチとよぶことがあります。

調査的面接法は面接場面で対面して質問紙による調査を行う方法で，とくに構造化面接という内容とかなり近くなります。通常は調査者が口頭で質問し，回答者も口答しますが，調査者が聞き取りすることもあります。

⑤ **観察法**　調査の対象となる人の行動や言動を，目視やビデオカメラによって観察する方法です。

観察は観察対象がどのような事態かによって，自然観察法と実験観察法に分かれます。自然観察法では，行動の発生に人為的な操作をしないで偶然・自然に行動が発生するのを観察します。実験観察法では，対象とする行動が生じるような環境を研究者が設定して，その中で生起する行動を短時間で観察します。実験観察法を組織的に厳密に行うと実験室実験による観察に近くなります。

観察法はまた，観察者が対象にかかわるかどうかによって，参加観察法と非参加観察法に分かれます。参加観察法は社会学や文化人類学で参与観察法といわれる方法とほぼ同じです。

このほか，1名あるいは少数を対象として詳しく研究・検討する事例研究法があります。事例研究法は，ケース研究あるいは医学などの領域でいう症例研究と近い方法です。もちろん事例研究法という特別な方法があるわけではなく，質問紙法，テスト法(心理検査法)，面接法，観察法などを総合的に用いて個人に迫るアプローチと考えればよいでしょう。

分野に独特の方法もあります。たとえば，発達心理学の領域では，縦断的方法と横断的方法とを区別することがあります。縦断的方法とは，対象となる人たちを長期にわたって反復して追跡的に調査・研究していくアプローチです。横断的方法とは，たとえば異なる年齢の人たちを同時期に一斉に調査・研究し，これを仮想的に同一対象の人たちとみなして発達の道筋を研究するアプローチです。他方，認知心理学の領域では，コンピュータを駆使して記憶や思考判断のモデルを立てていくことがなされます。

実証するということ

上に見てきたように，心理学ではいろいろな研究法を用いて研究データを入手し，それをもとにして行動を説明したり，因果関係や相関関係を実証的に検討しようとします。データを入手するには心理測定が必要です。上記のような研究法によって測定し，得られた数値から平均点を求めて比較したり，複雑な統計処理をして，より一般的な特徴や傾向を明らかにしようとしていきます。

次のE-2では，もっとも基本的な統計処理を紹介しましょう。

堀　洋道　1985　心理学―学問への道―　進研スコープ，**91**，46-47.
高橋順一・渡辺文夫・大渕憲一（編著）　1998　人間科学研究法ハンドブック　ナカニシヤ出版
海保博之　2003　心理学ってどんなもの　岩波書店

E2　心理学で使う統計量

　心理テストである人の得点が出たとします。しかし，この得点だけでは，何の役にも立ちません。その得点が高いのか低いのか知るためには，大勢の人にその心理テストを実施して平均値を求めて比較しなければなりません。心理テストは，あらかじめそのような作業を行ったうえで，平均値を示し，あなたの得点が高いのか低いのかを判断する目安を与えてくれます。たくさんのデータが集まると，役に立つ統計量が得られます。ここでは，集団の代表値を表す平均値，得点の分布の散らばり具合を表す標準偏差，2種類の変数の関連性を表す相関係数について，その意味や利用の仕方を解説します。

　平均値と標準偏差　心理テストに限らず，いろいろな測定値は通常図E2-1のような，平均値を中心にした左右対称の山形の分布になります。この形は正規分布といい，分布形が1つに決まるには，さらに標準偏差が必要です。平均値付近の人が多く山が高く急なのか，それとも個人間の得点差が大きく，山がのっぺりしているのかを示す値です。平均値（M）と標準偏差（SD）は次の式であらわされます。

$$M = \frac{\Sigma X}{N} \qquad SD = \sqrt{\frac{\Sigma (X-M)^2}{N}}$$

X：個人得点
N：人数
Σ：合計

　図E2-1は平均値が50で，標準偏差が8と15の場合が示してあります。あなたの個人得点が60点だったとしましょう。標準偏差が8の場合のグラフを見ると60点以上の得点をとった人は非常に少ないことがわかります。学校の試験だったらトップクラスの成績でしょう。それに対して同じ得点でも標準偏差が15の場合では，1/4ぐらいの人が，これ以上の得点をとっています。試験の成績だったら上の下ないし中の上というところでしょうか。このように，同じ平均値であっても標準偏差によって，個人得点の意味は異なってきます。

　平均値の差の検定　ある心理的特性について，2群間に差があるのかどうかを調べたいときがあります。A6「自分の名前のイメージ」の例を取り上げてみましょう。そこでは，イメージの3因子のうち，量感と複雑性には性差が見られ，洗練

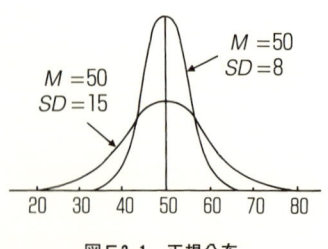

図E2-1　正規分布

性には見られない，と解説されています。このデータは男383人，女504人の大学生のデータですが，日本の大学生全体からすれば，ほんの少数のサンプルにすぎません。この程度の大きさのサンプルで得た結論は，本当に信用できるのでしょうか。こんなときに利用されるのが統計的検定という方法であり，少数のサンプルで，全体の様子について合理的な結論を述べることができます。

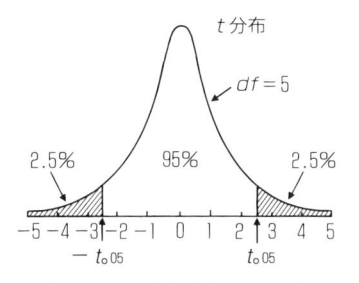

図E2-2　t分布（自由度＝5）

統計的検定では，この例でいうと，日本の男子大学生全体のイメージ得点の分布と，女子大学生全体のそれとは同じ平均値，標準偏差をもつ正規分布をしていると，とりあえず仮定します。つまり，それぞれの群全体（母集団）の平均値に差はないと仮定するわけです。この仮定の下で，2つの母集団から何度もサンプルを選びなおして，両群のサンプルの平均値の差（平均値をそれぞれ M_1, M_2 とすると，$M_1 - M_2$）をとってみます。そうすると $M_1 - M_2$ は多少の加工をすることで，図E2-2のような正規分布よりも少し裾の広い t 分布とよばれる分布をします。$M_1 - M_2$ を加工した値は t 値といい，図E2-2によれば，t は0付近である確率が大きく，t の絶対値が大きい（サンプルの平均値の差が大きい）ほど確率が低いことがわかります。この分布の中で，サンプルの t 値がどんな位置を占めるかで，統計的検定では結論をだそうというのです。t 値の計算には次式を用います。式中の M, N, SD の添字の1，2は各群の値であることを示しています。

$$t = \frac{M_1 - M_2}{\sqrt{\left(\dfrac{N_1 SD_1^2 + N_2 SD_2^2}{N_1 + N_2 - 2}\right)\left(\dfrac{N_1 + N_2}{N_1 N_2}\right)}}$$

図E2-2では，t 分布の両裾の面積の合計が5％になる部分に網掛けをしてあります。M_1 と M_2 の差が大きくて，t の値がこの網掛けの部分に入った場合（t の絶対値が $t_{.05}$ より大きい場合），これは両群の平均値の差がこれほど大きい確率は5％程度しかないことを示します。こういうとき，統計的検定では，これは非常に珍しいことなので，最初の仮定である，2つの母集団の平均値が等しいという仮定が間違っていたと考えます。すなわち，母集団の平均値には差があるという結論を下すのです。ただし，両母集団の平均値が同じでもこういうことは5％程度はあるわけですから，5％の危険率（または，5％の有意水準）で，M_1 と M_2

には，統計的に有意な差があるという条件付きの表現をします。

では逆に，あまり差が大きくなくて，分布の真ん中の白い部分に t の値が位置する場合（t の絶対値 $< t_{.05}$）にはどう考えるのでしょうか。この場合には，この程度の平均値の差は珍しいことではなく，母集団の平均値に差があるとはいえない（M_1 と M_2 に統計的に有意な差はない）という結論を下します。

イメージの3因子の得点の両群の平均値，標準偏差を利用して t を計算すると，洗練性，量感，複雑性のそれぞれの t 値は，-0.99, 2.54, 6.51 になります。t の分布は自由度という値で決まり，N_1+N_2-2 で算出されます。この場合の自由度885に対応する $t_{.05}$ は1.96になります[注]。t の絶対値と $t_{.05}$ を比較すると，洗練性では有意な性差はなく，量感，複雑性では男女間に有意な差があります。したがって，A6の解説は正しいことがわかります。

相関係数 身長と体重，英語と国語の得点，親子の性格など，2つの事柄の関連を調べたいことがよくあります。このような2変数の関連の度合いを知るための統計量として，ピアソンの相関係数があります。相関関係は，2つの変数が相互に影響しあっているような関係です。因果関係のような一方向的な関係ではなく，双方向的な関係を意味します。ピアソンの相関係数（r）は，2つの変数をそれぞれ X, Y とすると，次の式であらわされます。

$$r = \frac{\sum(X-M_X)(Y-M_Y)}{\sqrt{\sum(X-M_X)^2 \sum(Y-M_Y)^2}} \qquad \begin{array}{l} M_X : X の平均値 \\ M_Y : Y の平均値 \end{array}$$

r は -1 から $+1$ までの値をとり，その絶対値が大きいほど両者の相関の程度が大きいことを示します。相関関係の理解には，一人ひとりの値をプロットした散布図が役に立ちます。図E2-3の模式的なデータの散布図を見ると，a)では，各点は直線上に並んでおり完全な相関を示しています。この場合，片方の値がわかれば，もう一方の値はぴったり予測できます。b)は高い相関がある場合で，片方の値がわかれば，もう一方の値は，比較的狭い範囲の中にあると予測できます。c)は相関の程度が低い場合で，相手を予測する範囲が広くなっています。d)は負の相関関係（逆相関）を示す場合で，片方が高い値をとれば，もう一方は低い値をとる可能性が高いことを示します。また，相関関係がまったくない場合を無相関といい，r は0になります。この時の分布は円形または方形で，一方の値がわかっても，もう一方の値はさっぱりわかりません。

サンプルから計算した相関係数を利用して，母集団で相関関係が見られるかどうかを結論するには，統計的検定を必要とします。この検定では，母集団での相

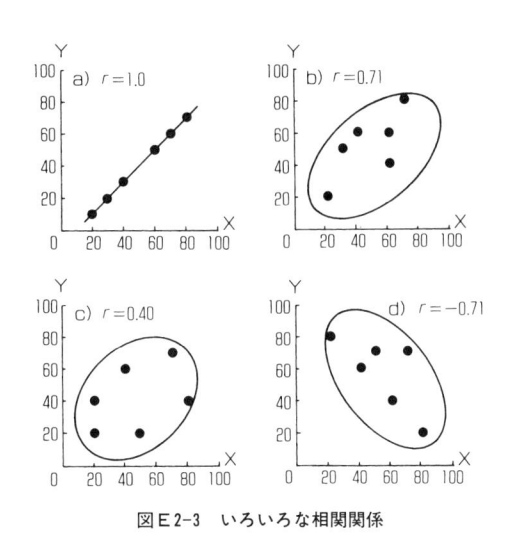

表E2-1 ピアソンの r の有意性の表

N	rの値	N	rの値
10	.632	30	.361
11	.602	35	.334
12	.576	40	.312
13	.553	50	.279
14	.532	60	.254
15	.514	70	.235
16	.497	80	.220
17	.482	90	.207
18	.468	100	.197
19	.456	200	.139
20	.444	500	.088
25	.396	1000	.062

（注） 5％水準の値（両側検定）

図E2-3 いろいろな相関関係

関係数が0（無相関）であると仮定して，t 分布を利用して判断を行います。この時の t の値が極端な値であれば，無相関であるという仮定を否定して，統計的に有意な相関があると結論します。しかし，実際の相関係数の有意性検定（無相関検定）では，t 値を計算する必要はありません。サンプルの大きさ（N）に応じて5％水準で有意な相関係数の大きさ（$r_{.05}$）が表E2-1に示されているので，算出した r の絶対値と比較すれば簡単に，有意であるかどうかを知ることができます。

（注）各自由度に対応する $t_{.05}$ の値は統計学の書物を参照してください。例のように何百人というサンプルがあれば，$t_{.05}=1.96$ とみなしてよいでしょう。また，平均値の差の検定では，まず両群の母集団の標準偏差が等しいことを結論づけてから次に平均値の検討をするべきですが，ここでは省略しました。

学習課題

平均値の差の検定は，2群それぞれの平均値，標準偏差，人数がわかれば，t の式を利用して実行することができます。この本には人のさまざまな心理特性に関するデータが載っているので，実際に検定することで各章の説明を確認してみましょう。

執筆者一覧（＊印：編者）

清水　聡	（福井県立大学学術教養センター）	A 1
澤田　忠幸	（石川県立大学教養教育センター）	A 2
赤澤　淳子	（福山大学人間文化学部）	A 3
土肥伊都子	（神戸松蔭女子学院大学人間科学部）	A 4
齊藤　誠一	（神戸大学大学院人間発達環境学研究科）	A 5
宮沢　秀次＊	（元名古屋経済大学人間生活科学部）	A 6
林　文俊	（椙山女学園大学文化情報学部）	A 7
岡本真一郎	（愛知学院大学心身科学部）	A 8
河合　優年	（武庫川女子大学教育研究所）	B 1
髙橋　晋也	（東海学園大学心理学部）	B 2
大野　久	（立教大学名誉教授）	B 3
川上　正浩	（大阪樟蔭女子大学学芸学部）	B 4
田中　俊也	（関西大学名誉教授）	B 5
荷方　邦夫	（金沢美術工芸大学美術工芸学部）	B 6
三和　優	（元仁愛女子短期大学幼児教育学科）	B 7
中島　実	（神戸女子大学文学部）	B 8
千野美和子	（京都光華女子大学健康科学部）	C 1
大野木裕明＊	（福井大学名誉教授）	C 2
津村　俊充	（南山大学名誉教授）	C 3
宮川　充司	（椙山女学園大学教育学部）	C 4
杉下　守男	（愛知学院大学名誉教授）	C 5
諸井　克英	（同志社女子大学生活科学部）	C 6
林　洋一	（北陸大学国際コミュニケーション学部）	C 7
金井　篤子	（名古屋大学大学院教育発達科学研究科）	C 8
前田　基成	（女子美術大学芸術学部）	D 1
宇田　光	（南山大学教職センター／人文学部心理人間学科）	D 2
林　潤一郎	（成蹊大学経営学部）	D 3
宗方比佐子	（金城学院大学人間科学部）	D 4
浅野　敬子	（元至学館大学人文学部）	D 5
松井　豊	（筑波大学大学院人間総合科学研究科）	D 6
山岸　明子	（元順天堂大学スポーツ健康科学部）	D 7
二宮　克美＊	（愛知学院大学総合政策学部）	D 8
編　者		E 1
新美　明夫	（愛知淑徳大学名誉教授）	E 2

調査実験
自分でできる心理学

2007年 4 月25日　初版第 1 刷発行　　　定価はカヴァーに
2024年 1 月20日　初版第15刷発行　　　表示してあります

編著者　大野木裕明
　　　　宮沢　秀次
　　　　二宮　克美

発行者　中　西　　良
発行所　株式会社ナカニシヤ出版
〒 606-8161　京都市左京区一乗寺木ノ本町 15 番地
　　　　　　　　　　TEL．075-723-0111
　　　　　　　　　　FAX．075-723-0095
　　　　　　　　郵便振替 01030-0-13128

印刷・創栄図書印刷／装幀・白沢　正／製本・吉田製本

Copyright © 2007 by H. Ohnogi, S. Miyazawa,
　　　　　　　　& K. Ninomiya

Printed in Japan
ISBN 978-4-7795-0145-6　C3011

◎本書のコピー，スキャン，デジタル化等の無断複製は著作権法上での例外を除き禁じられています。本書を代行業者等の第三者に依頼してスキャンやデジタル化することは，たとえ個人や家庭内での利用であっても著作権法上認められておりません。
◎LINE, Facebook, Twitter など，本文中に記載されている社名，商品名は，各社が商標または登録商標として使用している場合があります。なお，本文中では，基本的に TM および R マークは省略しました。